海上絲綢之路基本文獻叢書

海運存稿（下）

〔清〕佚名 輯

文物出版社

圖書在版編目（CIP）數據

海運存稿．下／（清）佚名輯．-- 北京：文物出版社，2022.6
（海上絲綢之路基本文獻叢書）
ISBN 978-7-5010-7541-6

Ⅰ．①海… Ⅱ．①佚… Ⅲ．①海上運輸－交通運輸史－史料－中國－清代 Ⅳ．①F552.9

中國版本圖書館 CIP 數據核字（2022）第 065612 號

海上絲綢之路基本文獻叢書

海運存稿（下）

著　　者：〔清〕佚名
策　　划：盛世博閲（北京）文化有限責任公司

封面設計：鞏榮彪
責任編輯：劉永海
責任印製：張道奇

出版發行：文物出版社
社　　址：北京市東城區東直門内北小街 2 號樓
郵　　編：100007
網　　址：http://www.wenwu.com
郵　　箱：web@wenwu.com
經　　銷：新華書店
印　　刷：北京旺都印務有限公司
開　　本：787mm×1092mm　1/16
印　　張：15
版　　次：2022 年 6 月第 1 版
印　　次：2022 年 6 月第 1 次印刷
書　　號：ISBN 978-7-5010-7541-6
定　　價：98.00 圓

總緒

海上絲綢之路，一般意義上是指從秦漢至鴉片戰争前中國與世界進行政治、經濟、文化交流的海上通道，主要分爲經由黄海、東海的海路最終抵達日本列島及朝鮮半島的東海航綫和以徐聞、合浦、廣州、泉州爲起點通往東南亞及印度洋地區的南海航綫。

在中國古代文獻中，最早、最詳細記載『海上絲綢之路』航綫的是東漢班固的《漢書·地理志》，詳細記載了西漢黄門譯長率領應募者入海『齎黄金雜繒而往』之事，書中所出現的地理記載與東南亞地區相關，并與實際的地理狀况基本相符。

東漢後，中國進入魏晉南北朝長達三百多年的分裂割據時期，絲路上的交往也走向低谷。這一時期的絲路交往，以法顯的西行最爲著名。法顯作爲從陸路西行到印度，再由海路回國的第一人，根據親身經歷所寫的《佛國記》（又稱《法顯傳》）一書，詳細介紹了古代中亞和印度、巴基斯坦、斯里蘭卡等地的歷史及風土人情，是瞭解和研究海陸絲綢之路的珍貴歷史資料。

隨着隋唐的統一，中國經濟重心的南移，中國與西方交通以海路爲主，海上絲綢之路進入大發展時期。廣州成爲唐朝最大的海外貿易中心，朝廷設立市舶司，專門管理海外貿易。唐代著名的地理學家賈耽（七三〇～八〇五年）的《皇華四達記》記載了從廣州通往阿拉伯地區的海上交通『廣州通夷道』，詳述了從廣州港出發，經越南、馬來半島、蘇門答臘半島至印度、錫蘭，直至波斯灣沿岸各國的航綫及沿途地區的方位、名稱、島礁、山川、民俗等。譯經大師義净西行求法，將沿途見聞寫成著作《大唐西域求法高僧傳》，詳細記載了海上絲綢之路的發展變化，是我們瞭解絲綢之路不可多得的第一手資料。

宋代的造船技術和航海技術顯著提高，指南針廣泛應用於航海，中國商船的遠航能力大大提升。北宋徐兢的《宣和奉使高麗圖經》詳細記述了船舶製造、海洋地理和往來航綫，是研究宋代海外交通史、中朝友好關係史、中朝經濟文化交流史的重要文獻。南宋趙汝適《諸蕃志》記載，南海有五十三個國家和地區與南宋通商貿易，形成了通往日本、高麗、東南亞、印度、波斯、阿拉伯等地的『海上絲綢之路』。宋代爲了加强商貿往來，於北宋神宗元豐三年（一〇八〇年）頒佈了中國歷史上第一部海洋貿易管理條例《廣州市舶條法》，并稱爲宋代貿易管理的制度範本。

元朝在經濟上採用重商主義政策，鼓勵海外貿易，中國與歐洲的聯繫與交往非常頻繁，其中馬可·波羅、伊本·白圖泰等歐洲旅行家來到中國，留下了大量的旅行記，記録元代海上絲綢之路的盛况。元代的汪大淵兩次出海，撰寫出《島夷志略》一書，記録了二百多個國名和地名，其中不少首次見於中國著録，涉及的地理範圍東至菲律賓群島，西至非洲。這些都反映了元朝時中西經濟文化交流的豐富内容。

明、清政府先後多次實施海禁政策，海上絲綢之路的貿易逐漸衰落。但是從明永樂三年至明宣德八年的二十八年裏，鄭和率船隊七下西洋，先後到達的國家多達三十多個，在進行經貿交流的同時，也極大地促進了中外文化的交流，這些都詳見於《西洋蕃國志》《星槎勝覽》《瀛涯勝覽》等典籍中。

關於海上絲綢之路的文獻記述，除上述官員、學者、求法或傳教高僧以及旅行者的著作外，自《漢書》之後，歷代正史大都列有《地理志》《四夷傳》《西域傳》《外國傳》《蠻夷傳》《屬國傳》等篇章，加上唐宋以來衆多的典制類文獻、地方史志文獻，集中反映了歷代王朝對於周邊部族、政權以及西方世界的認識，都是關於海上絲綢之路的原始史料性文獻。

海上絲綢之路概念的形成，經歷了一個演變的過程。十九世紀七十年代德國地理學家費迪南・馮・李希霍芬（Ferdinad Von Richthofen，一八三三～一九〇五），在其《中國：親身旅行和研究成果》第三卷中首次把輸出中國絲綢的東西陸路稱爲『絲綢之路』。有『歐洲漢學泰斗』之稱的法國漢學家沙畹（Édouard Chavannes，一八六五～一九一八），在其一九〇三年著作的《西突厥史料》中提出『絲路有海陸兩道』，蘊涵了海上絲綢之路最初提法。迄今發現最早正式提出『海上絲綢之路』一詞的是日本考古學家三杉隆敏，他在一九六七年出版《中國瓷器之旅：探索海上的絲綢之路》中首次使用『海上絲綢之路』一詞；一九七九年三杉隆敏又出版了《海上絲綢之路》一書，其立意和出發點局限在東西方之間的陶瓷貿易與交流史。

二十世紀八十年代以來，在海外交通史研究中，『海上絲綢之路』一詞逐漸成爲中外學術界廣泛接受的概念。根據姚楠等人研究，饒宗頤先生是華人中最早提出『海上絲綢之路』的人，他的《海道之絲路與昆侖舶》正式提出『海上絲路』的稱謂。選堂先生評價海上絲綢之路是外交、貿易和文化交流作用的通道。此後，大陸學者馮蔚然在一九七八年編寫的《航運史話》中，使用『海上絲綢之路』一詞，這是迄今學界查到的中國大陸最早使用『海上絲綢之路』的人，更多地限於航海活動領域的考察。一九八〇年北京大學陳炎教授提出『海上絲綢之路』研究，并於一九八一年發表《略論海上絲綢之路》一文。他對海上絲綢之路的理解超越以往，且帶有濃厚的愛國主義思想。陳炎教授之後，從事研究海上絲綢之路的學者越來越多，尤其沿海港口城市向聯合國申請海上絲綢之路非物質文化遺産活動，將海上絲綢之路研究推向新高潮。另外，國家把建設『絲綢之路經濟帶』和『二十一世紀海上絲綢之路』作爲對外發展方針，將這一學術課題提升爲國家願景的高度，使海上絲綢之路形成超越學術進入政經層面的熱潮。

與海上絲綢之路學的萬千氣象相對應，海上絲綢之路文獻的整理工作仍顯滯後，遠遠跟不上突飛猛進的研究進展。二〇一八年厦門大學、中山大學等單位聯合發起『海上絲綢之路文獻集成』專案，尚在醖釀當中。我們不揣淺陋，深入調查，廣泛搜集，將有關海上絲綢之路的原始史料文獻和研究文獻，分爲風俗物産、雜史筆記、海防海事、典章檔案等六個類别，彙編成《海上絲綢之路歷史文化叢書》，於二〇二〇年影印出版。此輯面市以來，深受各大圖書館及相關研究者好評。爲讓更多的讀者親近古籍文獻，我們遴選出前編中的菁華，彙編成《海上絲綢之路基本文獻叢書》，以單行本影印出版，以饗讀者，以期爲讀者展現出一幅幅中外經濟文化交流的精美畫卷，爲海上絲綢之路的研究提供歷史借鑒，爲『二十一世紀海上絲綢之路』倡議構想的實踐做好歷史的詮釋和注脚，從而達到『以史爲鑒』『古爲今用』的目的。

凡例

一、本編注重史料的珍稀性，從《海上絲綢之路歷史文化叢書》中遴選出菁華，擬出版百册單行本。

二、本編所選之文獻，其編纂的年代下限至一九四九年。

三、本編排序無嚴格定式，所選之文獻篇幅以二百餘頁爲宜，以便讀者閱讀使用。

四、本編所選文獻，每種前皆注明版本、著者。

五、本編文獻皆爲影印，原始文本掃描之後經過修復處理，仍存原式，少數文獻由於原始底本欠佳，略有模糊之處，不影響閱讀使用。

六、本編原始底本非一時一地之出版物，原書裝幀、開本多有不同，本書彙編之後，統一爲十六開右翻本。

目録

海運存稿（下）

海運存稿（下）

〔清〕佚名 輯

清咸豐七年鈔本

爲咨行事，據浙江糧道詳稱，奉部劄查本年起漕糧米石所有私米
一項共計若干，劄行查明私米雖數，即行報部，以憑核辦，並咨倉場
於浙江新漕到通到時，將私米分派何倉，每倉分派若干石，亦即咨
明報部等因。奉此，遵查本年浙省起運漕改正耗並經紀耗米，除撥
運易州米外，実計交倉正耗米内有私米三萬四千五百十九石八
斗一合五勺，又交倉經紀耗米内有私米五百十七石七斗九升七
合一勺，均已驗兑。　道等因詳報到本部堂，據此相應移咨戶部、
駐通驗米大臣、倉場部堂，查照可也。
五月二十二日咨

爲咨行事據驗米大臣倉場部堂咨稱據通坐糧廳呈稱來到以剝船虧
短米石押運經紀失於查察者應照户部奏定章程經紀船户各半
分賠飭令兆速追賠等因當即傳集該經紀李兆森等嚴飭追據
稱該州素非産米之區實在無處購買情願措備銀兩繳價存庫等
供查例載稻米一石徵價銀一兩四錢惟現在糧價騰貴若令照例
賠繳又恐難繳當復行通州知州飭將本月稻米糧價詳查覆稱現
行糧價每稻米一石價銀二兩八錢二分等情職廳等復核自一起
至七起共欠米二百五十二石內除經紀查出三船計米十九石責
令船户獨賠外實欠米二百三十二石前經船户照數賠交訖其經
紀應賠一半米一百十六石五斗既據該經紀等供稱無處購買
米石責令按現行市價折銀交納共應折交銀三百四十兩一錢八
分現據該經紀等如數呈交兑收通庫暫存等因相應咨查此項追

賠銀兩應否歸通濟庫充公之處迅即咨覆以便轉飭遵辦等因前
來查經紀賠交訊項米價銀兩似應歸入通濟庫本年新收項下報
部查核抑係奏交戶部應由
貴大臣
部堂酌核辦理並咨戶部查照可也
五月二十二日行

為此行事查蘇省海運漕糧雖比上屆為數較少而交兌籌備
慎重今於五月二十二日一律全完辦理甚為妥速除江蘇糧道書
齡由天津差次敘明勞績據實具奏外其同知以下各員或總理局
務籌畫經費或專司文案勾稽米數或伺候驗卸輪流監兌或押船
編號督押剝晾以及催儹重空巡查彈壓等事無不認真經理竭盡
心力至航海來津之紳董冒涉風濤不避艱險亦屬踴躍急公始終
奮勉業經本部堂奏明各按勞績查明江省酌擬獎敘分別奏獎除
將差次原奏及奏到
諭旨抄錄咨送外所有在津出力各員銜名及差使勞績據護理江蘇糧
道詳送前來應即開單移咨
貴督查照辦理並劄知江蘇總局可也
計開

知府用江蘇候補同知李初圻 另敘請獎

該員奉委來津交米歷經數次屢著勤勞本屆海運總司銀錢出入兼管內外兩局及米船驗卸各事宜無不籌畫有方諸臻周妥並能於涉剝起卸時督率各員日夜辛勤認真交兑毫無貽誤而於銀錢出入尤能潔己奉公力求撙節奏派護理糧道關防督辦一切諸臻妥善洵屬老成歷練爲守兼優爲守巡中出色之員

升用同知江蘇候補知縣汪有勳 另敘請獎

該員歷辦南北海運久著勤勞素稱幹練本屆赴津幫同李丞總司銀錢出入兼管內外兩局及米船驗卸各事宜力剔浮糜慎司出納並同各員伺驗監兑收買餘耗秉理勾稽悉臻周妥洵屬精詳穩練最爲可靠之員

江蘇試用同知王恩晉 另敘請獎

該員來津總理分局事務並監視沙船交兌各事宜相機殫慮[illegible]
兩無爭競逐日往來河干稽伺驗卸收買餘耗洵屬才具優長始
終奮勉

同知銜江蘇候補知縣周昭濂
同知銜江蘇試用知縣陳淦

該二員隨同來津辦理文案勾稽冊檔並隨伺驗卸監視交兌複
往來河干稽查偷漏收買餘耗竭力秉公辦理悉臻周妥

知縣升用江蘇候補縣丞朱峻
江蘇候補從九品胡如淳

該二員俱係海運熟手本屆來津派辦分局收發單照收買餘米
查報起卸米數卸空船隻並隨伺驗米殫壓沙剝兌卸事宜任繁
重責最難周妥該員等均能力矢勤慎昕夕往來河干不辭勞瘁
無不悉臻妥善洵為勞績最著之員

江蘇候補縣丞李慶誥

該員隨同來津派令監視沙剝交卸催重僱空又因本年氣頭擱
底改歸南局經理即委令該員逐船查看一律起除並委令前赴
海口收繳沙船器械該員不遺餘力往來奔公均無貽誤洵屬勤
能可靠勞績較著

江蘇候補巡檢鄧姓名
該員本年來津派令專司排總關摺風晾米色收繳米樣五日夜驗
劉河千總查監兌始終無誤洵著勤勞

候選同知通判紳董朱朱其昂韋
該紳等本為歷年海運熟手本屆奉委航海來津備歷艱險到津
後幫同委員挨船排泊約束舂舵收發單照並稽察偷漏洵屬紳
董中最為得力之人

五月二十三日行

為咨行事查浙省海運漕糧雖止二屆為數較少而先幾籌畫
慎重今於五月二十二日一律全完辦理甚為妥速除浙江糧道王
友端由天津差次敘明勞績擬賞具奏外其知府以下各員或總理
局務籌畫經費或專司文案鉤稽卷數或伺值驗卸輪流監交或排
船編號督押曬晾以及催儹重空巡查彈壓等事無不認真經理竭
盡心力至航海來津之紳董冒涉風濤不避艱險亦屬踴躍急公始
終奮勉業經本爵部堂奏明各按勞績查明浙省援案分別奏獎除將
差次原奏及奉到
諭旨抄錄咨送外所有在津出力各員銜名及差使勞績擬浙江糧道詳
送前來應即開單移咨
貴撫部院奏請獎勵並劄知浙江總局可也
計開

道銜金華府知府麟趾 另款請奬
該員年青才識初辦海運即能洞悉利弊總司局務悉合機宜嘗
理文案支發銀錢均極詳慎撙節且遇事籌畫精詳知顧大局最
為出色之員

山西補用同知直隸州知州凌漢 另款請奬
該紳黃自備資斧兩次勸辦局務總理文案勾稽銀米擘畫精詳
且能通籌全局洞中竅要實屬不可多得

補用同知陳樹林 另款請奬
該員歷辦海運熟諳兌務專理分局幫辦總局悉臻妥協兼委承
買餘耗追補各船欠米事極繁瑣始終不辭勞瘁尤為出力

試用同知馮譽驄
該員才具明敏趕次偵驗豐克肯抑風㾗事事認真遇有商[illegible]

一五

案聽斷公平於委辦一切事件矢慎矢勤勞績卓著

運同銜試用同知鄒覲颺

補用同知宗順

候補運判雙山

該三員輪班伺值驗兌派赴水次分排監兌督押晒晾洵屬謹慎

趨公辛勞克著

試用通判孔廣綬

該員任事勇往赴次伺值驗卸監視斛收督押彈壓水手均能盡

力懋著勤勞

試用通判鳳燊

該員年壯才明專委收買餘米發記數目稽查偷漏經理認真洵

屬勤勞卓著

升用同知峽縣知縣連晉

該員協趁水次伺驗監兑督押晒晾並尊兑易州米石妥查餘米偷漏勤慎周詳克著勞績

前嘉興縣知縣薛時雨

該員輪班伺候驗兑監押風晾並於妥派委一切事宜均能奮勉從公事著勞勣

候補府經歷沈際樹

該員收買氣頭曬底稽查偷漏攙和辦理認真頗盡心力並乘監視兑剝況瘁不辭勤奮尤著

西安縣縣丞吳世榮

該員結實可靠派買氣頭曬底力除弊端寄棧收買經理合宜並於妥辦一切事件均能矢慎矢勤勞績懋著

候補鹽經歷林龍鐖
該員幫辦分局排船編號收發單照起除氣頭辦理實心並妥協
排監兑不辭勞瘁尤著辛勤
試用縣丞王鐄熱
該員幫辦分局提船歸次排號給單起除氣頭遇事出力並妥迅
查驗壓艙勉趨公事著勞績
五品銜徐雲會
六品銜王師寵
該紳董等航海押運歷涉風濤到次照料兑務催補缺額約束舵
水不致滋事洵屬急公盡力
五月二十三日行

為咨行事查浙省歷屆海運均由驗米大臣將在津交米尤為出力
各員另咨請獎在案查道銜金華府知府麟趾總司局務悉合機宜
辦理交兑支發銀錢均極詳慎將鄭且遇事籌畫精詳知顧大局應由
貴撫奏請將該員遇有本省道員缺出請
旨簡放山西補用同知直隸州凌漢浙江補用同知陳樹林襄辦局務靡
盡精詳事事悉臻妥協應由
貴撫奏請將該二員俟補缺後以應升之缺升用相應移咨
貴撫部院查照辦理可也
五月二十三日行

為咨行事查蘇省歷屆海運均由驗米大臣將在津交米尤為要津
各員另咨請獎在案查補用府江蘇候補同知李炳圻若咸歷辦總
司銀錢出入兼管內外兩局均能籌畫精詳經本部堂奏派護理糧
道關防督辦一切悉臻妥協應由
貴督撫奏請將該員候補缺後遇有本省知府缺出請
旨簡放升用同知候補知縣汪有勛幫同李丞總司銀錢出入兼管內外兩
局悉臻周妥應由
貴督撫奏請將該員候補缺後以同知直隸州先用試用同知王恩晉
總理分局並監視沙剝交兑事宜毫無貽誤並逐日往來河干隨同
驗米才具優長始終奮勉應由
貴督撫奏請將該員以同知直隸州歸候補班前先用相應移咨
貴督撫部堂院查照辦理可也

五月二十三日行

爲妝行事查押運委員陳克昌前因在通癈混具稟以致藉稍揑飾
先後問取親供又不據實呈明甚屬狡展頭起至六起委員均經致
尤俟經本爵部堂將該員項戴暫行摘去在案相應抄錄親供移咨
貴督部堂轉飭滿司將該員記大過三次以示懲儆仍隨時察看如
該員當差果能愧奮再由
貴督部堂給還項戴可也
五月二十三日行

爲咨送事所有江浙兩省海運漕白二粮米樣相應分别包封並齎

浙省蘇省咨送

貴部處查照可也

計開

蘇省 上白米一包 糯米一包

次白米一包 粳米一包

浙江 上白米一包 粳米一包

次白米一包 秈米一包

糯米一包

共計一封

五月二十三日行 戶部 軍機處 各計單一件米樣一封

為咨送事本部堂奉

命赴津驗收海運米石現已辦理完竣所有陸續收到兵部火票十二張

相應咨送

貴部查銷可也

五月二十三日行

兵部

計火票十二張

尚依行事承部劄豐奉
命赴津驗收海運米石隨帶戶部書吏陳鍾祖傅賢錢振衛陳以澍四名
繕寫奏摺文移覈算米數等項均極晝夜辛勤毫無貽誤除由本爵在
津獎賞外相應移咨
貴部仍照歷屆海運成案將該書吏等給予獎賞銀兩以昭激勸可也
五月二十三日行　戶部

咨送行事。蘇江糧道詳稱，氣頭艙底米石選擇尚堪食用米五[illegible]五石，配足經耗米八斗二升五合運通。又浙江糧道詳稱，收買氣頭艙底米石選擇尚堪食用米一百六十五石，配足經耗米二石四斗七升五合運通，以備搭放各寄用。前來，除本部堂入摺具奏外，相應移咨

貴大臣、部堂查照辦理，並知照戶部可也。

駐通驗米大臣
倉場部堂
戶部

五月二十三日行

高粮行事查十三起開行剝船册造裝載浙江以白粳糯米四百[illegible]
十五石五斗一升六勺核與浙江總局所送全兒單開以白粳糯數
目及該省未到一船内載糯米之數不符合亟劄行直隸總局將前
項粳糯米石查明更正詳覆並 知照 貴部堂撫臺查照可也
將江浙二省全兒文册一併剝船造送毋得稍遲特劄
五月二十四日劄行

爲駁行事本爵報捐餘米六百石本部堂票 報捐餘米五百六[illegible]
七石每石應給耗米二升以一升作爲剩船食米以一升隨正交倉
每百石水脚八兩一錢一併備交齊全相應劄行直隸江蘇各總局
查照並知照
貴大臣
部堂可也
五月二十四日劄行

爲咨行事本屆江浙海運辦理完竣經本爵部堂聲明知府以下各員及滬津委員並營委將弁各按勞績咨明直隸督臣分別奏請獎勵等因在案承據直隸總局單開各員勞績出具考語移咨酌量擬獎外相應擇其尤爲出力各員摘敘勞績擬定升階虛銜並酌擬奏請候獎各員名另繕清單移咨貴督部堂查照辦理可也

計開

道銜天津府知府石贊清

知府升用天津府河防同知許之勛

以直隸州用天津縣知縣彭戩恩

以上三員總辦局務並伺候驗米均能矢慎矢勤始終其事應由

貴督部堂奏請將天津府知府石贊清同知許之勛從優獎敘署天津縣知縣彭戩恩俟補用直隸州知州以知府用

補缺後以直隸州用候補知縣署楊村通判高維翰
知州銜歷升之缺升用武强縣知縣陳寶
六品銜應升之缺升用任邱縣知縣鍾景
以上三員經理局務並撿選夫頭一切事宜倍著辛勤均無貽
誤應由
貴督部堂奏請將補缺後以直隸州用候補知縣署楊村通判高維
翰俟補缺後以直隸州知州儘先用武强縣知縣陳寶以同知直隸
州補用任邱縣縣丞鍾景以知縣用
提舉銜候補班前先用運判高履亨會同南省委員稽查沙船衆[illegible]
艙代米石兼管監兑事宜悉臻妥善應由
貴部堂奏請
賞加運同銜

應升之缺升用天津府海防同知隆祥
知府銜候補直隸州知州李輝曾
以上二員駐劉海口會同南商委員查對人票收繳單器均能
認真從事經理得宜應由
貴督部堂奏請將應升之缺升用天津府海防同知隆祥以應升之
缺儘先升用知府銜候補直隸州知州李輝曾以直隸州儘先補用
補缺後以應升之缺升用候補縣丞吳誥綸查報剝船起米數目終
日河干不辭勞瘁洵屬始終出力應由
貴督部堂奏請俟該員補缺後以知縣歸候補班前儘先補用
候補班儘先補用知州陸邦駿
儘先補用知縣朱浩良
以上二員總理封艙記印伺值查驗封釘剝船天填冬勤勞績

尤著應由

貴督部堂奏請將陸邦駿俟補缺後以同知直隸州升用朱浩良以

知縣不論班次遇缺儘先即補分缺間用縣丞石虎臣押運赴通妥

速竣事應由

貴督部堂奏請將該員俟補缺後以應升之缺升用

試用同知郭斌壽

知州銜候補知縣耿覲光

應升之缺升用不論河工地方儘先補用州同江塏

長蘆候補鹽大使陳毓坤

捐升雙月知縣候補府經李兆麟

天津縣縣丞章樹春

應升之缺升用分缺先補用府經縣丞王錫

試用縣丞劉興邦
靜海縣主簿焦耆齡
試用從九品吳崇階
河工試用從九王裕坊
河分缺間用巡檢方瑆
分缺間用典史楊肅雨
試用未入沈以剛
分缺先用典史潘岱
署天津縣海河主簿孫忠傑
儘先補用典史馮鎔
遇缺即補府經丁如松
霸州營外委張文傑

以上十九員監視剝船蓋用灰印封釘艙口並押運赴通均屬
勤勞並無貽悞應由
貴督部堂各按勞績分別奏咨從優獎敘
試用未入許泰
鎮標經制王恩桐
北倉大使喬維桐
鎮標把總王恩波
試用未入孫德潤
署鎮標經制高兆麟
試用未入陳汝材
署鎮標把總劉恩慶
試用府經汪守惇

鎮標千總汪治平
試用縣丞胡凝之
鎮標把總王兆奎
候補從九潘鉦
署鎮標千總陳毅亭
分缺間用吏目張紹凱
鎮標把總曹大醇
儘先候補從九朱津
鎮標把總張鳳墀
以上十八員分段稽查剝船偷漏舞弊並查驗封條呈報入段出段
時刻倍著辛勤始終罔懈應由
貴督部堂分別奏咨從優給獎

州同銜即補河工從九未入畢長安

候補班先用知縣易州州判劉家祥

河工分缺先用主簿左元鼎

以工三員公所聽候差委始終奮勉克著勤能應由

貴督部堂奏請將州同銜即補河工從九未入畢長安候補缺後以應升之缺升用候補班先用知縣易州州判劉嘉祥候補知縣後以知州升用先換頂戴河工分缺先用主簿左元鼎候補缺後以應升之缺升用

署理大沽協副將事遊擊德魁

署葛沽營遊擊陳克明

署海口營守備張振熊

大沽左營把總王開泰

海口營經制外委宋長春

署大沽左營千總劉淳

以上六員或赴到海口會同南省委員查對人票收繳軍器或

出洋迎護導引沙船經理得宜勤勞懋著尤為出力人員應由

貴督部堂奏請將德魁陳京明張振熙三員從優獎叙王開泰以千

總拔補宋長春存記以把總拔補劉淳請

賞加守備銜

署天津鎮標中營遊擊田茂

署天津鎮標城守營都司蔣車布

霸州營文安汛千總王遇清

以上三員總管海口運河沙船剝船經由停泊處所稽查巡查

彈壓均臻妥善應由

貴督部堂奏請將田茂奇車布二員優獎王遇清以守備用

守備衔署廣官屯千總即補把總郭長清

河營外委王元慶

河營外委施斌

河營外委李有慶

河營額外外委李際芳

以上五員公所聽候差委晝夜勤勞勇於任事均屬不可多得之員應由

貴督部堂將郭長清存記俟拔補把總後以河營應升之缺升用王元慶施斌李有慶三員存記遇有額外經制外委缺出即行拔補李際芳存記遇有經制把總缺出即行拔補

以上單開共六十七員

為咨行事現在江浙兩省海運正漕完竣所有直隸總局各委員經
本爵部堂奏明仍照成案將天津府知府以下各員及調津委員並營
委將弁各按勞績咨明直隸督臣分別奏請獎勵等因在案除將差
次原奏及奉到
諭旨抄錄咨送及尤為出力各員另單咨行奏獎外應將在事各員按照
直隸總局原詳開單移咨
貴督部堂查照辦理可也
據直隸海運總局單
道銜天津府知府石贊清另單咨行奏獎
知府升用天津府河防同知許之鈖另單咨行奏獎
即用直隸州署天津縣知縣彭載恩另單咨行奏獎
以上三員總理局務並會同江浙委員查驗米色

補缺後以直隸州用候補知縣署楊村通判高維翰另單咨行奏獎
知州銜應升之缺升用武強縣知縣陳　實另單咨行奏獎
儘先補用知縣錢　塏
六品銜應升之缺升用任邱縣縣丞鍾　景另單咨行奏獎
補缺後以知縣用候補縣丞胡承順
以上五員管理局務並剥運支銷一切事宜
提舉銜候補班前先用通判高履亨另單咨行奏獎
應升之缺升用候補布理問趙秉恒
以上二員管理局務會同南省委員收買氣頭艙底末石並稽
查事宜兼管監兌事宜
委用知縣夏家鼎
委用未入陳　林兼管監兌事宜

以上二員管理局務並隨同驗米

署葛沽營遊擊陳克明另單咨行奏獎

署海口營守備張振熊另單咨行奏獎

大沽左營把總王開泰另單咨獎

署大沽左營經制外委馮恩福

署大沽左營把總冉 緒

署大沽左營經制外委高 立

署海口營把總郝承恩

海口營經制外委宋長春另單咨獎

海口營把總陳 發

海口營額外外委高明德

署大沽左營千總劉 淳另單咨行奏獎

署大沽左營經制外委鞠　通
海口營經制外委趙　起
以上十三員出洋迎護導引沙船
署大沽左營都司蕭桂蔭
署大沽左營把總李　興
署海口營千總謝錫恩
以上三員攔江沙外駕駛砲船稽查彈壓
州同銜天津縣葛沽巡檢錢清泰
以上一員查報沙船進口出口日期
應升之缺升用天津府海防同知隆　祥另單咨行奏獎
知府銜候補直隸州知州李輝曾另單咨行奏獎
護理大沽協副將事遊擊德　魁另單咨行奏獎

以上三員駐劄海口會同南省委員查對人票收繳軍器

補缺後以直隸州用候補知縣署楊村通判高維翰另單併咨請獎

以上一員總理剝船稽查來往日期編列號次

五品銜筐兒港千總王天文

楊村廳額外外委郝文光

楊村廳外委馬興盛

楊村廳經制外委金福盛

楊村廳外委姚承霈

楊村廳外委張吉泰

以上六員隨同楊村廳管理剝船事務

把總用楊村廳經制外委夏文濬

以上一員楊村廳派赴通州催儧回空如有短米船戶隨時看管

知府升用天津府河防同知許之劭另單併咨奏獎
試用知州王文田
五品銜頂戴王庄把總劉玉魁
河營經制外委郝桂森
以上四員驗收官民剝船
補千總後以應升之缺升用稹地把總黑永貴
河營外委穆長清
河營外委郝慶瀾
以上三員催提沙船疏通河道
千總用趙家場把總龔永清
河營外委曹利賓
河營外委王炤

以上三員催提剝船疏通河道

補缺後以應升之缺升用候補縣丞吳諧綸另單咨行奏獎

以上一員查報起米數目

候補班儘先補用知州陸邦駿另單咨行奏獎

儘先補用知縣朱浩良另單咨行奏獎

以上二員總理封驗記印

試用同知郭斌壽另單咨行奏獎

大挑知縣楊中桂記過一次已銷

六品銜試用知縣徐霖記過一次已銷

即用知縣邱對欣記過一次已銷

知州銜候補知縣耿覲光另單咨行奏獎

應升之缺升用不論河工地方儘先補用州同江塏押運一次另單咨行奏獎

長蘆候補鹽大使陳毓坤另單咨行奏獎
試用府經王桐吉記過一次已銷
捐升雙月知縣候補府經李兆麟另單咨行奏獎
天津縣縣丞章樹春另單咨行奏獎
試用縣丞程培恩記過一次已銷
應升之缺升用分缺先補用府經縣丞王錫另單咨行奏獎
試用縣丞朱灝記過一次已銷
試用縣丞劉興邦另單咨行奏獎
靜海縣主簿焦耆齡押運一次另單咨行奏獎
河工試用從九品吳棠階另單咨行奏獎
河工試用從九王裕坊另單咨行奏獎
分缺間用巡檢方理另單咨行奏獎

河工試用巡檢胡恩長記過一次已銷

分缺間用典史楊肅雨另單滙行奏奬

試用未入流沈以剛另單滙行奏奬

分缺先用典史潘岱另單滙行奏奬

儘先補用典史溤鎔押運一次另單滙行奏奬

以上二十三員監視剝船盖用灰印封釘艙口

六品銜候補未入吕述曾

六品銜補缺後以知縣用候補州判陳克昌摘頂

六品銜候補班補用未入葉聲文

留直補用府經陳巨源

試用府經嵇文堉記過一次已銷

候補縣丞石虎臣兼管監兌事宜另單滙行奏奬

六品銜應升之缺升用咨補通判吏目王金聲兼管監犯事宜

候補未入林紹祺兼管監犯事宜
記過一次已銷

試用典史蔣清驤兼管監犯事宜
記過一次已銷

遞缺即補府經丁如松記功一次
另單咨行奏獎

左營外委高鍾洛

城守營外委王鳳儀

城守營外委常吉慶

右營外委王恩慶

右營外委李大楷記過一次已銷

左營外委張文科

署城守營外委朱光裕

左營外委劉大春記過一次已銷

城守營外委王士祥記過一次已銷
右營外委章殿甲記過一次已銷
霸州營外委張文傑記功一次另單咨行獎勵
左營外委俞長齡
祁州營外委張錦雲
葛沽營外委朱天成
左營外委張鏞
左營外委陳康裕
以上二十六員輪流押催米船
試用直隸州知州耆齡兼管監兌事宜
應升之缺升用天津府經歷張子語兼管監兌事宜
署天津鎮標中營遊擊田茂另單咨行奏獎

以上三員總理海河運河沙船剝船經由停泊處所稽查彈壓

右營守備王朝棟

霸州營文安汛千總王遇清另單咨行奏獎

署城守營千總吳承恩

署城守營把總侯永慶

以上四員隨同稽查彈壓分作兩班挨五日輪替

試用未入許泰另單咨行奏獎

鎮標經制王恩桐另單咨行奏獎

北倉大使喬維桐另單咨行奏獎

鎮標把總王恩波另單咨行奏獎

試用未入孫德潤另單咨行奏獎

署鎮標經制高兆麟另單咨行奏獎

試用典史陳汝材另單咨行奏獎
署鎮標把總劉恩慶另單咨行奏獎
試用府經汪守惇另單咨行奏獎
鎮標千總汪治平另單咨行奏獎
試用縣丞胡凝之另單咨行奏獎
鎮標把總王兆奎另單咨行奏獎
候補從九潘鉦另單咨行奏獎
署鎮標千總陳毅亭另單咨行奏獎
應升之缺升用候補典史陳爾魯記過一次已銷
鎮標外委張勇記過一次已銷
分缺間用吏目張紹凱另單咨行奏獎
鎮標把總曹大醇另單咨行奏獎

儘先候補從九朱津 另單咨行奏獎
鎮標把總張鳳墀 另單咨行奏獎
以上二十員分段稽查剝船偷漏舞弊
來路同知李朝儀
理事通判興奎
通州知州高錫康
儘先候補通判陳耀堃
以上四員輪流上壩查催回空剝船應由通州驗米大臣核辦
升用知州候補知縣許世忠
候補府經王福瀛
候補從九方珽
補缺從以州判用候補主簿曹樹宏

五品銜東路把總高殿舉
五品銜東路外委王萬忠
把總用河營經制外委李德潤
以上七員駐壩查驗封條灰印並查催回空剝船
候選知縣道州學正孫懷珍
東路外委楊永仁
候補從九王耀庭
六品銜東路外委馮儒珍
務關把總王慶瀾
務關外委張顯曜
楊村外委龔慶瀾
楊村外委韓肇陽

以上八員沿河查催空船

署天津鎮標城守營都司哥東布易單咨行奏獎

以上一員上園至蒲口兩岸巡查

署天津縣海河主簿孫忠傑兼營鼓兒事宜易單咨行奏獎　押運一次

以上一員管理棚廠並回空沙船挖土壓載

長蘆候補鹽知事鄭承培

應升之缺升用薛家窩把總常玉成

以上二員撒放關稅免單

州同銜即補河工從九未入畢長安

試用未入焦昌駱

以上二員隨同倉憲坐糧廳行轅聽候差委

補缺後以知縣用候補縣丞顧肇域

候補班先用知縣易州州判劉嘉祥另單咨行奏獎
河工分缺先用主簿左元勳另單咨行奏獎
守備銜署唐官屯千總即補把總郭長清另單咨行獎勵
河營外委王元慶另單咨行奏獎
署鎮標左營守備王鈞
署鎮標左營千總陳康傑
河營外委施斌另單咨行奏獎
河營額外外委李際芳另單咨行奏獎
河營外委李鉞
河營外委張海林
河營外委李有慶另單咨行奏獎
河營外委王瑋

河營外委常榮富
署連鎮把總經制外委孟兆奎
河營外委趙慶瀾
河營外委周煥文
河營額外外委鄭潤
河營外委楊德安
河營外委邵永安
河營外委黑兆榮
河營外委于恩慶
以上二十二員公所聽候差委
共一百七十六員除摘項記過各員并毋庸議給獎敘外其
餘各員應由

貴督部堂查照天津道所開勞績分别酌量獎叙

五月二十四日行

爲咨行事據直隸總局將浙省以白抵糯米數不符緣由詳複前來

應抄錄原詳移咨貴大臣部堂查照可也

五月二十八日行

為移行事據駐壩委員並十一運半起押運暨稽查第十段各委員
稟稱查得四十五號金萬良四十六號馬萬德四十七號尹付成均
係搗封尚未得手衛卷惟尹付成畏罪逃走金萬良馬萬德當交石
壩鎖押又該段報單內聲叙該起九號官剝侯永泰在七段地面側
撬運員加封十條又十段委員報單內叙十六叙前半起官剝十三
號劉永在六段地面開撬運員加封四十條又三十四號官剝張玉
在六段地面嘆碰暗撬運員加封四十條又十六號官剝張恒在九
段地面倒撬運員加封五條各等因合亟劄飭責成總局俟該船同
津後明辦理將撬封之船戶眷屬驅逐另募妥實船戶充當並將到
撬各船戶開何倒撬開撬緣由查訊非確倘有捏飾情弊即行從嚴
分辦情形知照並移咨
貴總局查照轉飭轉查明各該船有無積欠米石據詳懲辦可也

五月二十九日行

商咨行事查一項起至七起剝船虧短米石經紀並未分賠前經本部堂
飭訊經紀剝船確供並據各起押運委員據實稟復出具切結及七
起委員將在通吴遞稟單縣由具稟到轅於五月十六日抄錄全案
供結稟詞移咨
貴部大臣查辦如有應訊人証即備文調取等因在案茲准咨稱查剝
船虧短米石分别賠補章程本部堂到通伊始即已聲明例案出示
曉諭並劄飭坐糧廳遵辦並於兩次奏報摺内聲明在案嗣准將個
案知照前來亦即劄令遵照辦理前因驗收前三起米石虧短甚多
除將經紀代役船户潮交通州一併枷責外誠恐坐糧廳偏護經紀
未能實力奉行復於四月二十四五等日劄飭經紀及押運委員會
同通州高牧候補知州鄭牧迅速照案追賠並飭各押運委員於領
執時將如何分賠之處據實稟報嗣據各該委員及押運委員陸續

稟稱均已遵照成案經剿各半分賠足數本部堂即據各該員所稟
於批回內批明飭於五月初六等日覆據委查經剿分賠細數及剿
價銀兩如何找給之處當即劄令各該員等遵照分晰開單稟覆並
於初八日先行呈覆旋於五月初十日據各該員等稟稱復查追賠
米石始悉經紀並未分賠即以失察自行檢舉業經本部堂奏參在
案五月十五日接到咨查二起運員所供各情並留通當差有無干
求之處又十六日接到咨查劄留運員陳克昌在通當差有無情弊
等因當於十六七等日據實咨覆在案茲於五月十八日復據各稱
傳問各起押運委員僉稱經紀並未分賠及丁巡捕傳諭須照二起
具稟給批等語查各起押運委員到轅顧札本部堂曾令巡捕傳諭
該運員將如何分賠之處據實稟繳並無責令須照二起與稟分賠
之事又稱陳克昌暫留在通一節前已詳細咨覆在案復於同日兼

到另設坐日不肯自應另行設處又稱七起運員稟稱李司員三次
勒令出具分賠稟結緣由本部堂查前撥派查短米船均分賠細數
來文即諭隨帶司員等於各運員領批時囑令遵照來咨據實稟覆
以憑核批回內批明五月初八日本部堂李率同隨帶司員等赴壩
驗米該七起運員石發臣同壩員許忠赴船呈遞稟單該司員等因
未經分晰縷叙難以咨覆津轅令再詳細稟明該運員亦即遵照分
晰具稟並未言及經紀未曾分賠等語李司員亦並無三次勒令具
稟之事至該員所供勒令緣由本部堂現已照供劄查各員又稱各
委員失察究係何人舞弊等語本部堂於各員自行檢舉時業經查
嚴懲由經紀騰混所致是各員失察實由經紀舞弊前本部堂一面
奏參一面仍飭令將舞弊經紀嚴行審訊仍令將一起至七起經紀
應賠之米勒限追繳各在案茲蒙咨查並抄錄各起運員經紀船戶

原供各情事業經劄飭各員據實具稟現據各員陸續稟覆本部堂
查與原供不甚相符恐此中有不實不盡之處除劄飭通永道再行
認真嚴查俟據實款覆外相應先行呈覆等因前來查各起押運委
員具稟領批飭將丁巡捕傳諭須照二起具稟給批並出具切結茲
適查覆如各委員所稱不實何以衆口一詞丁巡捕果無傳諭照二
起具稟之事各起委員現尚在津不難欽調對質第七起委員石虎
臣在通呈遞稟單三遞三駁所有三次稟底均經呈遞津轅存案似
尚不虛且經米船戶分賠細數責令分晰聲叙亦應明白傳諭何以
稟單三具三駁經紀並未分賠該員果未言及李司員果無勒令三
次具稟之事壩員許患尚在通壩不難一問而知高鄰兩收既將經
剝分賠緣由先行會稟並奏
貴處劄飭照案追賠何米為剝船所賠何米為經紀所賠該牧等自

應知悉何以甘為經紀所贓舞弊之人既屬經紀何以並未稟究刑

部經紀私立下處海巡鎖押船户如何查辦何以來咨並未聲敘總

之事無中立各有攸歸真是真非不難查照全案案詞供結嚴實查

辦相應再行移咨

貴大臣部堂詳細查覆可也

五月二十九日行

駐通驗米大臣倉場部堂

山東巡撫崇　為咨明事竊照本部院于咸豐七年四月二十八日
附片具
奏本年江浙兩省第二次海運漕船行入東境隻數日期並被[illegible][illegible]漕
船分別咨行查恭一件除俟奉
硃批另文恭錄咨報外合先抄片咨明為此合咨
貴親王煩請查照施行
片奏
再本年江浙海運漕船行入東境經臣附片
奏報在案茲准登鎮來咨自三月十日起至四月初肆日止又有船
戶沈裕盛等裝載江蘇崑山等州縣漕白糧米共船三十隻又船戶
金瑞榮等裝載浙江石門等縣漕米共船二十八隻先後行抵東境
出入石門等縣島口由水師護送北上該漕船等在洋行走風帆順

剌帷內犬瞿之剌等漕船九隻前後在南北交界之蘇山等處洋面
被盜船尾追劫去銀米衣物失事處所是否均在洋面尚未勘定現
該盜船經南北兵船合力追捕悉已南竄本年江浙漕船為數較少
多由大洋經行北工現已將此過竣等情臣查本年籌辦海運經臣
先經諄飭水師員弁實力防護並咨令江省師船必須護至石島交
替方准回南如南北水師果能遵照辦理何至漕船被劫實非尋常
疏忽可比正在行查參辦間欽奉
諭旨令臣查明各船被劫處所是否在石島以南分別嚴參懲辦等因仰
見
聖明洞鑒
燭照無遺跪讀之餘實深欽佩除分別咨行江南及登鎮遵
旨查參仍責令水師員弁遇有續到船隻認真迎探護送不准再有疏失

外理合附片
奏明伏乞
聖鑒謹
奏
咸豐七年五月十一日發
欽差駐津驗米王大臣

直隸候補道天津道為詳覆事本月初九日奉
王爺宪台劉開摺駐通驗米大臣咨稱剝船虧短米石摺各該委員稟稱
均係遵照經紀剝船各半分賠成案辦理等因相應抄錄原文劄行
直隸總局仰該道等即將通壩賠米實在情形取具各該起押運委
員切結暨各該剝船戶確供詳錄查辦並由該道傳知駐委員將實
在賠米情形擬定詳覆其各該起押運經紀如有應行質對之處並
仰該道等會同津坐糧廳傳案研訊確供取結詳錄如該道等有心
迴護含混詳覆本爵堂定行親提嚴訊該道等務須認真查辦毋稍
遷就致干未便切切特劄奉此當即傳問各押運委員並督率局員
武強縣知縣陳寶署楊村通判高維翰連日將各剝船戶欠米補交
情形按起嚴訊除揭封偷漏舞弊船戶尚未到齊另行嚴訊確供具
詳外謹將押運委員切結十張並稟底清單具文詳送再各起押運

委員回津開報剝船戶賠交米石數目訊據三十五六起船戶所供買賠之數相符惟第一起押運委員與駐蔵委員開報短米一百九十三石各船戶供稱買賠六百八十四石核與委員開報少賠九石傳到各船戶逐細挨名核對訊問內有三十五號船戶馮洪供稱小的到壩

大人驗米挑有氣頭打了一百板陸續下地兩艙風晾這一日陰雨搶米上船後又扛米下岸倒騰兩回晾乾復驗准起因天已晚了還剩有十來石沒有起完掛了十五石的欠第二天艙底米收拾乾淨又兌了九石小的實買賠六石並沒短十五石等供 職道等查委員開報馮洪短米十五石與該船戶所供初次掛欠數目相符至馮洪業已買賠米石如果補交十五石亦不肯以多報少升錯之處事出有因船戶馮洪所供似尚可信除去少賠九石與各船戶供稱買

賠米一百八十四石亦屬吻合所有第一起委員開報短米數目與
剝船所供米數不符處謹另繕供單二分呈
閲爲此備由具呈伏乞
照詳施行
咸豐七年五月十四日咨
欽差駐津驗米王大臣

欽差兵部正堂全
倉場部堂李　為咨覆事前准駐津驗米大臣咨查一起至六起剝
船虧短米石細數並船戶賠補若干經紀分賠若干移咨查明咨覆
前來本部堂當札通坐糧廳及通州知州高牧前昌平州鄧牧並坐
壩委員許令等迅速將短米船戶分賠數目分晰開單呈覆茲據坐
糧廳及通州知州高牧前昌平州鄧牧駐壩委員許令等稟稱遵查
頭起至七起剝船短米數目內除潮濕之米挑晾後均已交足係屬
有米之欠又除私揭封條開艙竊米船戶已經經紀代役當時查拏
有案者應即飭令船戶獨賠外其餘共欠米二百三十三石均係船
中無米之欠現在復遵詳查始悉所欠米石除吳永和欠米十二石
力寔難繳全數經紀代賠外其餘各船戶無米之欠多係船戶獨賠
當將經紀傳署嚴訊據供短欠米石本應照案分賠惟船隻衆多迅
查寔力難遍及即如船戶吳永和張得明等賣盜偷米希圖九家互

保代賠業經供認不諱若再知有經紀分賠是船户應賠之數即以
窃之米一半倍償尚有一半肥已相率效尤偷窃適多虧短逾甚只
求詳察等語職等細核供詞雖係實在情形第分賠交本屬奏定章
程自當照辦況經紀有承運承交之責不能先事預防以致船户偷
窃各無可辭若不照數追賠轉得置身事外自應飭令將已賠米石
不計外其餘應交之米勒限追繳如逾限不交即治以應得之罪至
職等未能先事查明妥爲彈壓理合自行檢舉並將分賠各船米石
開具清摺稟呈前來本部堂查户部奏定剥船虧短米石分别分賠
獨賠章程本部堂到通後即已剴明例案出示曉諭並札飭各員等
遵照辦理嗣據
貴王大臣移咨聲明此案亦經札飭遵辦至驗收各起米石之時所
有剥船虧短除將押運經紀代役及船户枷責外仍飭駐壩委員發

各起押運員弁會同坐粮廳等遵照前案迅速照數追繳嗣據各該
委員陸續稟稱虧短米石均以遵照成案照數各半賠交在案何以
一經飭令詳細開單稟報忽稱所欠米石除頭起船戶吳永和係經
紀代賠外其餘多係剝船獨賠等語雖據經紀供稱恐剝船恃有經
紀分賠將來偷米逾多虧短逾甚該員等亦應早為查出稟報聽候
酌辦況一起至七起遞起追賠計時甚久何竟毫無知覺雖據自行
檢舉寔難稍事姑容本部堂現已將該員等奏請交部議處自應另
行知照理合先將各該員等所稟情形及所開清单咨呈
貴王大臣查核可也

清单

謹將第一起至第七起各船戶無米之欠船戶姓名及欠米數目開
摺呈送

計開

第一起各船戶欠米數目

一號船戶張保恒　欠米五石
十四號　木興付　欠米七石
二十五號　劉長春　欠米五石
二十七號　李長有　欠米七石
二十八號　管興友　欠米十石
三十三號　梁得順　欠米五石
三十五號　馬洪　欠米十五石
三十八號　李文得　欠米五石
四十六號　常友公　欠米六石
五十三號　潘萬順　欠米五石

五十五號　周萬貫　欠米六石
五十七號　吳永和　欠米十四石
七十七號　李得興　欠米六石
七十九號　白　瑞　欠米五石

第二起各船户欠米數目

二十六號　張玉山　欠米七石
三十二號　馬得付　欠米六石
四十四號　王亮遠　欠米十二石
五十號　簡文發　欠米十二石
八十二號　馬萬金　欠米六石
九十四號　尤興太　欠米五石

第三起各船户欠米數目

九號　張士廷　欠米九石

十號　石云升　欠米五石

十一號　朱玉　欠米七石

二十九號　蕭永和　欠米九石

第四起各船户欠米數目

五號　郭萬順　欠米五石

十一號　李付友　欠米五石

七十八號　張永　欠米六石

八十六號　朱升永　欠米六石

第五起各船户欠米數目

三號　劉海江　欠米八石

十五號　李永起　欠米八石

二十三號　藍起順　欠米八石
四十二號　展玉廷　欠米六石
七十六號　趙　安　欠米五石
第六起各船戶欠米數目
七十三號　蕭禹友　欠米六石
九十八號　周永慶　欠米四石
第七起各船戶欠米數目
四十九號　李長友　欠米八石
以上共欠米二百五十二石內除經紀查拏起封窃米船戶劉
長春藍起順展廷玉三名欠米十九石毋庸分賠外
實短二百三十二石
應船戶賠一百十六石五斗

經紀賠米一百十六石五斗

咸豐七年五月十五日洛

欽差駐津驗米王大臣

欽差兵部正堂全
倉場部堂李　為欽奉事本部堂於本月十三日具奏坐糧廳及各
各委員辦理分賠米石自行檢舉請交部議處一摺奉
旨依議欽此相應抄錄原奏恭錄
諭旨咨呈
貴王大臣查照可也
計摺
奏為坐糧廳及各委員失察分賠米石自行檢舉請
旨交部議處以警疎忽恭摺奏祈
聖鑒事竊查戶部奏定章程剝船虧短米石如係潮濕短少由經紀拿獲
責令剝船獨賠若經紀並未查出或通同舞弊分肥責經紀各半分
賠其並無弊竇而米石交不足數者亦令各半分賠等因臣等祗遵
後即聲明此案出示曉諭並札知坐糧廳及各該委員遵照辦理迨

臣等驗收各起米石之後所有撥船虧短除將押運經紀代役及船
户枷責外仍飭駐壩委員及各起押運員弁會同坐糧廳等遵前案
由經紀撥船各半分賠札令迅速照數追繳嗣據各該委員陸續稟
虧短米石其經紀船户例應各半分賠者均經照數賠交各在案惟
查各該員所稟未將撥船經紀分賠細數聲明恐有不實情弊當即
飭令詳細開單稟覆茲據坐糧廳及各該員等稟稱撥船所欠之米
本飭遵照成案分賠惟現復詳查始悉所欠之米石除頭船户吳永
和係經紀代賠外其餘多係撥船獨賠當將經紀傳案嚴訊據稱鍾
欠米石本應照案分賠惟船隻衆多逐查實難徧及若船户短欠經
紀分賠是船户所竊之米一半賠繳尚有一半肥已殊非得計恐相
率效尤偷竊愈多虧欠愈甚等語細核所供雖係實在情形第分半
賠交本屬奏定章程況經紀不能先事預防以致船户偷竊咎實難

辭若不照數追賠轉得置身事外除將已交米石不計外其餘經紀
應照之米仍由坐糧廳勒限追繳至職等未能先事預防查出寔屬
疎忽理合自行檢舉等語臣等查坐糧廳及各委員既經臣等札飭
遵照分賠章程辦理自應認真照辦何剝船所短之米未僅由船户
獨賠而經紀未曾分賠之處該坐糧廳張樾帮辦監督文隆祝如濂知州
高錫康鄧錫恩並未隨時查出該駐壩委員許忠王福瀛又未據寔
具禀迨臣等飭令詳查始知經紀未曾賠繳雖據自行檢舉勒限追
交而先時未能查出失察之咎究不能辭應請
旨將坐糧廳監督張樾帮辦監督文隆祝如濂署通州知州高錫康候補
知州鄧錫恩駐壩委員候補知縣許忠候補府經歷王福瀛均交部
照例議處其經紀應賠一半米石仍飭該坐糧廳等迅速即照數追
交毋任延宕所有臣等查參緣由理合恭摺具

奏伏乞

皇上聖鑒謹

奏請

旨

咸豐七年五月十五日咨

欽差驗米王大臣

欽差兵部正堂全 倉場部堂李　為咨覆事准駐津驗米王大臣咨稱查頭三四五六起押運委員均已先後到津銷差第二起押運委員陳克昌迄今尚未到津是否逗留通壩津次現有應查之件立等該員赴轅問話相應移咨轉飭查明該委員陳克昌如尚在逗留在通勒令該員于十五日前回津銷差以憑問話並札知直隸總局仰該道等迅即轉傳該員限十五日以前到津倘依限不到定行查參決不寬貸等因查本部堂前因註閘盤驗委員晉勛經順天府有事查訊咨請改派別員當因通州無員可派適聞二起押運委員陳克昌尚未回津當即札派該員暫行前往接辦並札知直隸總局在案旋據該員因病請假自應另派茲准

貴處咨調該員問話除札飭該員力疾赴津外相應呈覆

貴王大臣可也

咸豐七年五月十五日咨

欽差駐津驗米王大臣

候補道
直隸天津道　為詳覆事咸豐七年五月初三日蒙
王爺憲台劄開照得剝船剝運漕糧所得剝價等項不為不優本爵部堂到
津伊始即經剴切出示曉諭毋許舞弊自罹法網並於每起開行發
給剝價之時向加訓諭不啻三令五申乃第五起二十三號剝船藍
起順四十二號剝船展玉廷竟敢私揭艙封並查有竊米情弊寔屬玩
法已極若再任其承充官剝何足以儆將來除已劄飭駐堤委員就
近稟請駐通驗米大臣倉場部堂將該船戶訊究懲辦外所有該船
家眷應令直隸總局俟該剝船回津京時立即驅逐另募妥寔船戶
充當併將新募船戶姓名先行詳報備查以杜被斥船戶換名朦充
特札等因蒙此遵即札飭楊村廳遵辦去後茲於咸豐七年五月十
四日據楊村廳詳稱蒙查第五起船戶天津展玉廷武清藍起順又
四起船戶通州趙永清縣恒慶遠等四船承運米石在途私揭封條

該船戶已經回空到津遵將該船戶鎖拿詳送憲轅究辦在案茲已將該船戶家屬驅逐下船隨飭該船頭等另募妥寔船戶充當去後茲據天津募充船戶張得盛武清募充船戶劉國付通州募充船戶高付井青縣募充船戶孫起等四名接充領駕並嚴切諭飭如查有捏名頂充情弊惟該管船頭是問隨取具保結除批令接充並飭將未到之船戶一俟押空委員押解回津另行詳辦外茲蒙擬合先將已回津四船另募船戶姓名具文詳覆查核等情據此除批飭將未經到次船一俟押空委員押解回津即行解審究辦外擬合具文詳覆

伏乞

王爺

憲台查核施行

咸豐七年五月十七日咨

欽差駐津驗米王大臣

直隸天津道
候補道為詳報事咸豐七年五月十八日奉
欽差兵部正堂全
倉場部堂李劄開據東路同知詳稱審擬剝船戶張得明偷竊漕
米一案尚屬允協仰即照詳辦理至該犯承領船隻提詳交坐壩委
員轉飭承管船頭另募船戶駕駛應一併摘錄原詳札知直隸總局
查照可也特札計單一紙等因奉此擬合具文詳報
王爺
憲台查核施行
咸豐七年五月十七日咨
欽差駐津驗米王大臣

欽差兵部正堂全
欽差倉場部堂李　爲咨覆事准

欽差和碩鄭親王咨稱據駐壩委員許忠王福濂稟稱竊知縣等蒙委駐壩向係提重催空查驗封條稟報各起剝船短米數目並悉十家船押領於駐通驗米大臣行轅當差發給剝價等事至船戶短欠應如何追賠不由駐壩委員經理是以該船戶補交情形亦並不於駐壩處知會前蒙全憲劄飭知縣暨頭二三起運員等令經紀船戶分別賠補查第一起吳永和短米十四石其餘屢催罔應均係剝船戶自行賠補具經紀係坐糧廳管轄又接奉全憲劄飭會同通州高牧候補知州鄧敞查第一起至六起短米船名經紀船戶分賠數目一併分晰開單稟復等因知縣等擬將寔情會議定稿後錄呈等因具稟前來查追賠短欠既知不由駐壩委員經理何以並不稟明且又勒令押運委員出具經剝分賠各結是何緣故並據二起委員等呈遞

親供內稱駐堪委員曾經會稟經剥分賠等語仰該委員據實稟覆
事關奏案不得含混倘有人授意或有勒令等情均一一聲覆除劄
飭駐堪委員外並移咨轉飭迅速聲覆等因查追賠短欠米石章程
本部堂前經札飭坐糧廳遵照成案辦理誠恐該廳偏護經紀未能
實力奉行是以復劄駐堪委員許忠等暨各起押運委員通州高牧
候補知州鄭牧會同照案追賠並飭各員逐起據實稟覆以昭核實
嗣准
貴處咨查分晰經剥分賠細數復札各員再行詳細稟報忽據該員
等稟稱追賠米石現在始悉除第一起吳永和短米經紀代賠十二
石外其餘均係獨賠等語即以失察自行檢舉業經本部堂奏參在
案查追賠短欠米石該員許忠王福康既知職由駐堪委員經理何
以本部堂札飭時並不即時稟明至所稱勒令押運委員出具經剥

分賠各結是何緣故倘有人授意或有勒令等情均一一聲覆等語
相應劄飭駐垻委員許忠王福瀛迅將前項各情據寔詳細稟覆毋
稍含混遲延並先行呈覆
和碩鄭親王才核可也
咸豐七年五月十八日咨
欽差駐津驗米王大臣

直隸天津道候補道為詳送事。咸豐七年五月十七日奉
王爺憲台劉　閣為劄行事。查二起押運委員陳克昌初次呈遞親供，當經
本部堂[illegible]抄錄移咨駐通驗米大臣倉場部堂詳查聲覆去後，茲據咨
稱：二起押運委員陳克昌於四月二十八日親身赴轅領批，當飭行
轉飭差委員傳諭該員將如何分賠之處據實稟覆，旋據該員親身
赴轅呈遞稟單，據稱已令經剝遵照成案各半分賠，於二十八日交
完等因。該員如果在抱病昏迷之時，安能兩次親身赴轅？本部堂亦
並未差號房往取甘結，且該員既將分賠稟明，何必再令出結？該員
既經親身赴轅傳諭稟覆，又何必再令號房前往？至所稱托丁遞補
代求更改等語，當即傳訊委員丁崇雅，據稟該員呈遞稟單之後，並
未托伊取回更改，請飭陳克昌來通面質等語。至派委該員駐閘盤
驗差使，緣通州一時無員可派，適陳克昌赴壩稟辭，查歷屆向有天

津委員留通差委成業本部堂李　即面諭隨帶司員辦剳是日本
部堂全　因病未能赴壩本部堂李　率帶司員李明墀等赴壩驗
米並未與該員交談等因呈復查核並將各該員禀呈抄粘呈閱前
來本部堂查核委員陳克昌所通親供與通州來文不符合願有揑
飾情事應劄直隸總局仰該道等按照來文所指各情再行問取該
員確供詳錄查核再頭起三起押運委員前在通壩曾將經剝分賠
緣由與駐壩委員許忠王福瀛二起委員陳克昌會銜具禀何以該
員前具切結未據聲敘並仰該道等一併傳訊詳復所有通州來文
粘抄禀呈一紙一併發交該道等查閱明確以憑傳訊再行隨詳呈
繳特劄計原文一件等因奉此職道等遵傳該委員陳克昌到案即
據投遞親供覆向查訊無異除將委員陳克昌親供並頭起三起委
員呂述曾葉肇文切結二張業經呈

閣外謹將通胡咨呈原文一件隨詳呈繳伏乞

王爺

憲台查核施行

咸豐七年五月十八日咨

欽差駐津驗米王大臣

欽差吏部正堂全倉場部堂李為咨覆事准駐津驗米王大臣咨稱查駐壩委員向係派令在通提重催空查驗封條稟報各起剝船短米數目並押令赴轅找領剝價等事其經紀短欠米石如何追賠向由通坐糧廳及石壩州判辦理不由駐壩委員經理令蒙貴處破格札令辦理經紀剝船分賠事宜該駐壩委員應如何認真遵辦方期不負委任茲據因朦混具稟被叅在該員寔屬不曉事体咎無可辭究由本部堂派委不慎以致欺朦作弊今既並未會銜叅奏是否應行自請議處分之處移咨前來查剝船虧短米石由向坐糧廳追賠駐壩委員向未經理即石壩州判亦例無經管之責本部堂前奉來咨囑令經剝各半分賠除札坐糧廳遵照辦理誠恐該廳藉或有偏護經紀情弊因復札飭駐壩委員暨通州知州等會同追賠以昭核寔至該委員辦理經剝分賠事宜係由本部堂添派之事

並非
貴王大臣所派該員未能認真遵辦，實由本部堂派委不慎所致，
貴王大臣並無不是之處。茲蒙咨商，相應據實呈覆可也。
咸豐七年五月十八日咨
欽差駐津驗米王大臣

欽差
兵部正堂全
倉場部堂李　為咨覆事准駐津驗米王咨稱查第一起船户二十
五號劉長春私揭封条第四起八十三號桓慶遠九十四號趙永九
十六號劉覧九十八號尤文治私揭封条第五起二十三號藍起順
四十三號展玉廷揭封偷米第八起三十六號劉起升七十二號朱
滿堂七十五號趙有功七十六號謝發均係鋸船偷米第九起五十
二號王自友五十九號張順六十號胡起龍六十一號朶萬春六十
二號劉鳳鳴均係私揭封条第十起柴君付私揭封条以上各船户
及前次倉場部堂函稱舞弊使水各船户胆敢將印封揭開並敢將
印封艙板鋸落寔非尋常偷竊艙糧可比若僅照從前枷責發落之
案辦理不足以示懲創且自三年為始各船皆用印封較從前並無
印封者有間相應移咨將各船户轉飭通州知州訊明情節分别加
等治罪並將如何懲辦之處先行咨覆所有由通放回各船户以便

一體遵照辦理庶事同一律案不兩岐其已經枷責發落各船戶及此外無弊各船戶一併轉飭查明開單知照等因又前據駐壩委員稟稱第八起三十六號官剝劉起升在第八段沙果堆將頭艙梁板鋸偷出漕米六斗零七十二號朱滿堂七十五號趙有功七十六號謝發均有鋸落艙板情形被巡段駐段各員查獲該運員加封現將各船戶交小頭嚴行看管俟斛收有無短少再行稟報等情查該船戶膽敢鋸艙竊米藐法已極亟應從重問擬以示懲創相應移咨查明該船戶等虧短米石若干及現在如何辦理各緣由迅速咨覆各等因查此案前經本部堂札交前昌平州鄭牧通州知州高牧會同審訊現尚未擬將審擬各情呈覆除札行該牧等迅將審明定擬各案詳細稟覆再行呈覆

貴王大臣查照可也

咸豐七年五月十八日咨

欽差駐津驗米王大臣

欽
差兵部正堂全
倉場部堂李　為咨覆事准
欽差和碩鄭親王咨稱二起押運委員陳克昌飭據天津道再行取親
供內稱通州派差一層五月初八日卑職因病就痊知是日驗米即
赴倉憲坐船稟辯彼時倉同小
欽差商議裏河一時乏員接辦適卑職在旁經小
欽差李　以卑職差事完竣天津米又有限告知咨會天津暫留在華上
閘經理數目俟劄有人再行同去隨奉
欽（憲）倉憲委劄前往盤驗過閘米袋等語查該員在通領牌據供係四月
二十九日
欽差大臣進城據供係初一日該員初八日病痊在倉場部堂坐船稟辯
彼時倉憲始商議劄留何以劄行天津道留該員在通印文係五月
初七出日查

欽差大臣前次函稱於初四日奏事初七日請假何以劄行天津道仍用雙銜即文具各起委員在通者尚多何以獨留該員再查既知該員並未回津銷牌何以獨劄天津道一文而不及本爵更屬可疑此中有無情弊難以懸斷由四百里飛咨遲即查明咨覆等因本部堂前據順天府尹咨稱平上閘委員管晉勛劄調來府聽候查訊所有駐閘盤驗差事希仍改派副員等語彼時本部堂全 因病在京即諭隨帶司員等請本部堂李 酌改派初七日本部堂李 率同隨帶司員等在壩驗米二起運員陳克昌適赴壩稟辭本部堂李 因通州一時無員可派並查歷屆向有天津委員留通差委成案即面諭隨帶司員等辦札飭令該員前往平上閘盤驗米石該司員等辦劄後即呈本部堂李 標畫並專差呈送本部堂全 標畫且初七日本部堂李 面諭隨帶司員等辦劄改派之時陳克昌並未在壩

該員分屬微末何能於本部堂李　商酌公事之時公然在旁預聞
此理顯然易見隨帶司員李明墀是日亦並未與該員接談該員赴
埧禀辭係在初七日該員回津所供各詞殊多舛謬本部堂全　前
函稱遲至初七勢猶不支不得已請假五日等語緣初一日米俱驗
完進城就醫本望即日痊可追至初四病猶未愈是日奏事亦未能
呈遞膳牌延至初七日不得已始擬辦摺請假呈遞實係初八日也
至請假後本部堂全　以驗收公事緊要雖力難赴通而一切文案
仍飭隨帶司員等隨時呈閱會銜以昭慎重至各起委員給批後曾
否在通無從知悉陳克昌適于酌派之日禀辭因即留通差委當即
劄知直隸總局想可由該局轉禀
貴處是以未曾另行咨呈此中並無情弊茲蒙咨查相應呈覆
和碩鄭親王查照可也

咸豐七年五月十八日咨

欽差駐津驗米王大臣

欽差兵部正堂全
倉場部堂李　為咨呈本部堂於本月十七日奏為大通監督轉運遲延
奏一摺奉
硃批富和世敎均著暫行革職並摘去頂帶飭令迅速督催欽此相應抄
錄原奏恭錄
硃批咨呈
貴王大臣查照可也
計摺
奏為大通橋轉運遲延請將監督摘去頂帶以儆玩愒恭摺奏祈
聖鑒事竊查轉運漕糧總宜迅速方免偷漏攙和等弊日等到通驗收海
運米石迭經札飭大通橋監督多雇車輛一俟轉運到橋即行隨驗
隨運不准片刻停留以免積壓嗣因三起米石轉運到橋該處每日
運倉者僅有四五千石當將該監督記過並將車頭從重責懲限令

三日内將堆積號房之米全數運倉每日總以三萬石為率嗣因該
處轉運仍爲遲延又經嚴行札飭並將該車户提解來通嚴行懲辦
仍限令准積號房之米于十二日全數運倉具結如再遲延即行參
奏各在案茲查數日以來該處所運米石每日仍不及一萬石而堆
積號房者竟有二萬石之多並據該監督稟稱現在號房存米内有
本豐恩内内倉米二萬餘石京倉為數無多若儘數赶運京倉誰恐
坐派不符等語臣等查坐派進倉米數均應分別遠近搭運不得以
路途較遠遂致停運任其積壓耽延且該車户等業經結報可以運
竣何以該監督反為飾詞徇隱現在豫兩省漕粮即日可以驗收若
再稍遲延將來口袋必致不敷輪轉堆積號房之米必更壅滯叢生
該監督職司轉運迭經臣等札催仍復置若罔聞實屬疲玩以極相
應請

旨將大通橋滿監督富和著漢監督世敬先行摘去頂帶以示薄懲仍責
令迅速督催不准號房存有顆粒若再不知奮勉即行從嚴參奏再
現在海運十一起撥船及豫東二省漕糧均已抵通臣等必須逐日
日起壩赶緊驗收而該監督之轉運遲延奏參亦不能稍緩致滋貽
悞是以專摺具
奏未能呈遞膳牌伏乞
皇上聖鑒謹
奏請
旨
咸豐七年五月十八日浴
欽差駐津驗王大臣

護理江蘇督粮道關防知府用候補同知爲附文呈明事竊照本年
海運案内蘇省搭運捐輸米石前天津道會同直隸局生粮廳暨書
前道議詳查照上年舊章儘數先作正供通倉正供足額後再將續
到之米劃還捐輸等因詳蒙
王爺憲台批准照辦在案伏查本年蘇省先後搭運來津共捐輸米一百
二十八石先已一律運通作爲正供交倉現在正漕全數完竣所有
前項捐米已于蘇省續到漕粮内照數劃還捐輸正米一百二十八
石交倉及剝船食耗米二石五斗六升一律兑交天津道運通以清
檔案理合附文呈明伏祈
王爺憲台監核爲此備由申乞
照驗施行

咸豐七年五月十九日咨

欽差驗米王大臣

護理江蘇督粮道關防知府用候補同知呈為詳請事竊照咸豐[illegible]
年春運陸年分蘇松太二府一州漕白粮米仰蒙
王爺憲臺奉
命駐津驗收蘇省亦
奏委前道書龄督帶[illegible]知及丞令佐雜各員由陸先期赴津隨同交兌
幸叨
福庇海洋恬靜沙船絡繹抵次即經書前道督飭同知等隨伺
憲節逐日臨驗旋書道丁憂卸事所遺關防奉委同知暫行護理即
督辦交米事務復經將續到各船隨伺驗收現已將交倉
正供全數完足顆粒無虧其經紀耗米亦隨正交清較之上屆全漕告
竣計提前一月有餘此皆仰賴
垂慈訓示俾得終事無愆伏思海運交米事極紛繁有應循照舊章
者亦有因時變通者米數雖有多寡不同辦理實無難易之別非賓

羣力勷勷未易蔵功奏效本居書道隨帶來津大小各員均經蘇省
院憲暨司道認真遴選或資熟手或係兼才到津之後均能殫竭心
力隨同妥為料理始獲克期告蔵無誤要公前書道因藉資臂助未
便沒其微勞將各委員勞績逐加核定詳稿印摺以俟報竣申送旋
因丁憂卸事發交同 知存俟報竣照轉茲已全漕告竣理合查照原
奏具文詳送仰祈
王爺
憲臺鑒核俯賜
奏咨從優給獎以示鼓勵為此備由伏乞
恩准照詳施行須至書冊者 五月十九日

護理江蘇督糧道關防知府用候補同知呈為詳報海運漕白糧

交收全完事竊照蘇省咸豐七年海運六年分交倉漕白糧米奉

各院憲奏委蘇藩蘇松糧道督帶同知暨丞令佐雜等員由陸先期赴

津辦理交兌當將抵津設局日期並各委員執事先後報明在案伏

查本屆蘇州松江太倉貳府壹州海運交倉漕白二糧正耗粳糯共

米一十一萬陸千貳百二石一斗三升九合二勺由上海雇募商船

兌裝運津自三月二十四日開局以來截至五月十一日止計已到

漕白米一十一萬五千二百二石一斗三升九合二勺均齊

王爺憲臺督同隨帶司員坐糧廳暨直隸江蘇二局在事人員按起查驗

斛收運通其未到漕糧米壹千石海帆行使遲速莫定且為數無多

自應先行抵完以免稽待查有奉文先抵正供江蘇捐米一百二十

八石仍不敷米八百七十二石應請即以津局收買沙船餘耗抵交

足數共計運通漕白正耗已符起運原額內除奉撥薊遵豐

陵糯白糯米一百石白粳米八百石拾五石糙粳米一千五百石均由通填

轉運交納外寔在交倉漕粮正耗米六萬二千九十石九斗二升九

合二勺白粳米四萬九千一百二十二石九斗九升白糯米二千五

百一十三石二斗二升均已照數全完顆粒無虧所有外給經耗并

剝船食米等款亦已隨正按款兑給清楚理合照案查明細款開造

全完清冊具文稟送伏乞

王爺

憲臺鑒核具

奏除詳

蘇省各院憲外為此備由呈乞

照詳施行須至書冊者

計冊

護理江蘇督粮道關防知府用候補同知呈為呈報海運漕白粮米

交收全完事今將江蘇省蘇州松江太倉一府二州屬咸豐七年

運六年分漕白粮米交收全完數目造冊呈送伏候
查核施行須至冊者
計開
咸豐六年分松蘇太三府州屬
寔運漕粮交倉正耗米六萬三千五百九十石九斗二升九
合二勺白粮交倉正耗米五萬二千六百一十一石二斗
一升內
白粳米肆萬九千九百九十七石九斗九升
白糯米二千六百一十三石二斗二升
共交倉漕白正耗粳糯共米一十一萬六千二百二石一斗三升
九合二勺
外隨正應給沙船耗米一萬三百四拾石石三斗九升五合四勺在
南支給

又經紀耗米一千九百石八斗六升五合七勺
又剩船食米一千三百五十八石一斗八升四合五勺
以上原裝漕白共米一十二萬九千八百九石五斗八升四合八
勺合符　奏報之數
交倉漕粮正耗米六萬三千五百九十石九斗二升九合二勺截至
五月十一日止
已到米六萬二千五百玖十石九斗二升九合二勺
未到米一千石
查未到米石為數無多除以先撥正漕之江
蘇捐米一百二十八石抵交外計不敷米
八百七十二石業於津局收買沙船餘米
項下照數抵足運交內除
奉撥薊遵豐漕米一千五百石

寔交倉漕粮正耗米陸萬二千九十石九斗二升九合二勺
交倉白粳正耗米四萬九千九百九十七石九斗九升内除
奉撥薊遵豐白粳米八百七十五石
寔交倉白粳正耗米四萬九千二百二十二石九斗九升
交倉白糯正耗米二千六百一十三石二斗二升内除
奉撥薊遵豐白糯米一百石
寔交倉白糯正耗米二千五百一十三石二斗二升
通共寔在交倉漕白粳糯正耗共米一十一萬三千七百二十七石
一斗三升九合二勺均已照數兑剥
運通理合登明
應給漕粮經紀耗米九百五十三石八斗六升三合九勺内除
奉撥薊遵豐漕粮米項下經耗米二十二石五斗
寔該交倉項下應給經紀耗米九百三十一石三斗六升三合九

勺

應給白粮經紀耗米九百四十七石一合八勺內除

奉撥薊運豐白米項下經紀米一十七石五斗五升

寔該交倉項下應給經紀耗米九百二十九石四斗五升一合八勺

均已照數兌給清楚理合登明

應給剝船食米一千三百五十八石一斗八升四合五勺均已照數兌

給清楚理合登明

前件全完

查在彼未到漕米一千石業已先交足數

即非正供應請作為蘇省餘米一俟該船

到津照案由天津道驗收運交通倉另檔

存記留備下屆海運或遇短缺籌補之用

理合登明五月十九日

鹽運使銜浙江督粮道為海運漕粮完竣將在事出力人員查照歷
屆成案詳請
奏咨獎勵事竊查浙省咸豐三四五六等年海運事竣均將津局出力
委員紳董詳請獎敘有案本屆起運咸豐六年分漕白二粮共米二
十五萬二千五百石零經 職 道帶同正佐各員赴津辦理兌務據各
商船陸續駛抵天津水次當蒙
王爺憲臺按臨逐船查驗督起卸隨驗隨兌一氣趲辦計自開斛至今甫
及月餘業已告竣凡此兌交迅速俾得早登
天庾悉皆上稟
指示下資群力黽勉趨承幸無貽悞 職 道查得各該員等或總理全
局籌畫經費或專司文案勾稽米銀或提船編號伺值驗兌或分排
監交督押風晾以及催重趲空巡查彈壓並收買餘米氣頭艙底諸
事無不認真經理竭力盡心洵能各供指臂備歷辛勤其航海押運

來津之紳董冒涉風濤不避艱險亦屬踴躍從公謹照歷屆成案開

具銜名勞績清摺備文詳送伏祈

王爺憲臺俯賜察核

奏咨獎勵以昭激勸寔為公便除詳

浙撫憲外為此備由呈乞

照詳施行須至冊者五月二十日

監運使銜浙江督粮道為詳咨事竊照本年浙省奉撥易州白糯米
一百四十二石二斗一升六合八勺又隨撥經耗米二石五斗五升
九合九勺前因浙米未到易州丁書在津守候借撥江蘇省白糯先
行照數兌交茲查浙省糯米續已到津驗收運通前項借撥米石自
應劃還歸款理合備文詳請伏乞
王爺憲臺察核迅賜轉咨駐通
欽差兵部正堂倉場部堂在於浙省運抵通壩白糯正耗米一百四十二石二斗一
升六合八勺又經耗米二石五斗五升九合九勺撥收蘇省原款實
為公便為此備由呈乞
照詳施行須至冊者　伍月貳[illegible]

欽差兵部正堂全 倉場部堂李為咨覆事前准駐津驗米王大臣咨稱查第一起船[illegible]二十五號劉長春私揭封條第四起八十三號桓慶遠九十四號[illegible]永九十六號劉寬九十八號尤丈治私揭封條第五起二十三號藍起順四十三號展玉廷揭封偷米第八起三十六號劉起升七十二號未滿堂七十五號趙有功七十六號謝發均係鋸艙偷米第九起五十二號王自反五十九號張順六十號胡起龍六十一號朵萬春六十二號劉鳳鳴均係私揭封條第十起柴君付私揭封條以上各船戶應移咨轉飭通州知州訊明情節分別加等治罪並將如何懲辦之處先行咨覆又第八起三十六號官剝劉起升將頭艙梁板鋸落偷出漕米六斗零七十二號未滿堂七十五號趙有功七十六號謝發均有鋸落艙板情形俟斛收有無短欠再行稟報等情相應移咨查明該剝船戶虧短米石若干及現在如何辦理各緣由迅速咨覆等因當經本部堂札行候補知州鄧牧通州知州高牧等迅即審

擬詳細稟覆再行呈覆查照在案茲據該牧等審明吳永和費壽短
米劉起升等竊取飯米憫損封条各案定擬具詳前來所辦尚屬允
協除札飭該牧等照詳辦理仍迅將九起十起之案辦結另詳並札
行直隸總局將閻等逃逸之魏滿堂轉飭楊村通判一律緝拏務獲
究辦外相應抄録原詳咨呈
貴王大臣查照可也
計粘連原詳
張得明籍隸天津縣一向領駛本縣六十五號官剝船隻咸豐七年
四月十五日在天津水次受兑沙船金姓袁姓海運七起漕糧洪斛
米一百七十六石赴通壩交卸當時米未封艙未蓋灰印起意偷竊
乘經紀代役等承起剝船米石即在五舟八艙內偷挖粮米五石有
零藏匿後艙剩運抵壩如果斛短希圖九家代賠經紀等並不知情
迨剝船到壩驗短米六石即經委員會同監斛委員搜獲偷竊米石

稟賞飭委鄧牧會同通州高牧審擬詳辦茲據該牧等訊明委無串
途啟封使水及另有知情顆竊之人案無遁飾查例載糧船舵工有
侵米至五石以上累丁代完者寔發極邊足四千里充軍等語此
案張得明身充船戶領運漕糧輒敢乘間偷竊漕米五石有餘雖斛
短米石業已完交究屬不合自應比例酌減問擬張得明應如該委
員等所擬比依糧船舵工有侵米五石以上者發極邊足四千里充
軍例上量減一等擬杖一百徒三年至配折責拘役所短米石遵照
奏定章程剥船與承運經紀各半分賠此外訊無啟封使水及另有
知情顆竊之人應毋庸議失察之經紀代役飭令傳案責懲該犯承
領船只交坐埧委員轉飭承管船頭另募船戶駕駛所有覆審擬議
詳請查核

前任昌平州 署通州知州 為會詳事咸豐七年五月初八日蒙
憲臺札開為札行事據委員何荃馨等禀稱五月初二日在沙古堆
地方查得二十號船戶李洪友捻艙內封条揭過正用麵糊粘著適
被查見未有偷米又七十二號船戶魏滿堂船頭小舱及身舱村板
皆係米舱私挖兩大孔將欲偷米被拏當將該船戶看管人管又三
十六號船戶劉起升亦是船小仓墻上私挖一大孔偷出乾米五石
之多亦將該船戶並所偷之米交代役看管等因相應札飭通州知
州高牧前昌平州鄧牧即將船戶李洪友魏滿堂劉起升等三名趕
緊鎖押俟驗米後再行從嚴究辦毋稍遲延切切特札等因蒙此卑
職等遵即飭差拘去後茲據原役禀稱查得八起七十二號船戶魏
滿堂據伊船上水手呂洞口稱業已逃跑等語今將呂洞口並二十
號船戶李洪友三十六號船戶劉起升帶案理合禀明等情據此隨
將船戶劉起升李洪友水手呂洞提案訊

據劉起升供小的是天津縣人年二十八歲向駛青縣撥船小的裝八起海運洪斛漕米二百二十石赴壩交卸因內有小的飯米二石四斗有餘承起時一併入艙小的因恐中途無米食用於未封艙時順便挖出五笆斗飯米預備食用到壩交卸時小的飯米尚未用盡就被委員看見說是小的偷米就把小的送案究辦的如今小的船上米石業已當時如數交清並不短欠今蒙提訊小的中途寔沒揭封便水舞弊情事求恩典是寔

據李洪反供年六十歲是天津縣人駕駛青縣撥船隻是小的裝運第八起二十二號海運漕粮赴壩交卸中途水手們撑船悞把船上封条蹭破被委員看見把小的拏獲送案究辦的今蒙提訊小的船上米石業已當時如数交清並不短欠封条寔是水手撑船蹭破並沒私揭封条偷竊使水舞弊的事求恩典是寔

據呂洞供年三十八歲小的是八起七十二號魏滿堂剝船上雇的短

韋魏滿堂現已逃跑他逃往何處小的不知道他船上的米業已交
清不欠魏滿堂委没偷竊舞弊情事求恩典是寔各等供據此卑職
等恐有不寔不盡再三究詰矢口不移案無遁飾查船户劉起升在
津承起漕粮應得飯米二石四斗有餘並不遵照向章歸入艙内俟
交卸後再行食用拡自挖米備用雖訊無偷竊正供情事究有不合
劉起升應請照不應重律杖八十酌加枷號一個月滿日遞籍折責
發落李洪友並水手呂洞船上封條破損雖訊非有意揭封竊米第
陳恩之咎難辭亦請應照不應重律折責保釋魏滿堂聞拿逃逸顯
係情虛畏審即飭緝獲日另結除將劉起升等管押候示外所有審
訊擬結緣由是否允協擬合會同具文詳請
憲臺查核示遵為此備由繕冊具呈伏乞
照詳施行須至冊者
咸豐七年五月十七日 前署州知州鄭錫恩 通州知州高錫康

前任昌平州
東路廳道州　為會詳事咸豐七年四月二十七日蒙　憲臺札開

為札行事准

欽差和碩鄭親王咨稱查撥船抵通米石虧短如係偷漏使水所致應照
分賠獨賠之案辦理如無弊竇而米石交不足數亦應照道光二十
八年奏准成案責令經紀撥船分賠業經行知在案茲據駐壩委員
稟稱第一起撥船短交米一百九十五石二起撥船短交米八十五
石三起撥船短交米六十六石押令赶緊補足此項米石究竟因何
短少有無撥船舞弊情事經紀曾否奏明賠補米石是否照案分賠
獨賠等因查撥船虧短米石前准駐津驗米王大臣咨稱查照道光
二十八年戶部奏定成案責成經紀撥船分別賠補當經咨覆在案

茲據

欽差和碩鄭親王咨稱據駐壩委員稟稱第一起撥船短米一百九十五
石二起短米八十五石三起短米六十六石押令赶緊補足此項米

石究竟因何短少有無撥船舞弊情事經紀曾否奏明賠補米石是
否照案分别分賠獨賠等語本部堂查明二三起撥船米石有灰印
糢糊而米粒乾潔並無虧短者有青印未動而米粒實係潮濕風晾
後始行虧短者亦有封印完好米亦乾潔而虧短多至十餘石者實
係潮濕之米當即飭令風晾乾潔再行斛收所短米石即飭各該委
員查照經紀撥船分别補賠成案迅速追賠並令通州知州將虧短
五石以上之撥船户及押運之經紀代役先行枷號仍令該州及各
該委員等將撥船因何潮濕短少及經紀代役等有無通同舞弊情
事嚴訊確供詳揩並知照駐津驗米王大臣各在案兹准
欽差和碩鄭親王咨詢相應札飭通州知州高錫康前昌平州知州鄧錫
恩及各該委員等迅將所訊確供具詳以便咨覆
欽差和碩鄭親王可也特札等因蒙此查此案前蒙　憲臺以頭二三起
撥船虧欠米石短至五石以上者令即會同坐壩委員及押運員弁

將該船戶經紀等先行細號勒令分別賠補其餘短米較少之船戶
押赴後千僅交嚴訊詳辦等因卑職等已遵照將頭起船戶張保山
繆興付李長友梁得順李文得清萬順李得興向瑞常友二周萬貴
劉長青管興友吳永和馬洪二起船戶張玉廷山馬得付王寬遠簡
文檢馬萬奎尤興太三起船戶張士廷石靈付朱玉蕭永合四起船
戶郭萬順李付友張永朱井全五起船戶劉海江李永起藍起順落
玉廷趙安陞起船戶周永發蕭萬友並押運經紀代役訊明先後細
號河干飭令照案賠交並將訊過大概情形開摺會行
憲鑒在案
茲據該船戶經紀等陸續將虧短米石如數賠補清楚隨將該船戶
等速細提案訊審據供伊等在津承起沙船米石本係乾潔實因每
日用水澆轍間有遮蓋未嚴不無滴漏是以浮頭之米多受潮濕到
填交卸必須倒船下地風晾米石收身所以虧欠伊等實沒中途揭
封偷竊使水經紀代役們也沒通同舞弊情事等供訊

據吳永和供小的是天津縣人駕駛通州承管撥船咸豐七年四月初九日小的在撥船運米石起的是耆民方玉升他船上的米他向小的商說他上船後米食用叫小的賣給他八石每石應許給價四千五百京制錢當就應允收價賣給他十四根籌共合七石米小的就少起了七石經紀代役們並不知情小的心想到垻時米石虧短還有九家可以代賠此項米石運到半途因每日用水澆撒遮蓋不周滴水入艙是以內有兩艙浮頭米石稍受潮熱到垻倒艙過斛見風米粒收身是以又虧了七石前蒙審訊小的怕問重罪就把沙船賸混籌發回明王委員的話混供今蒙嚴訊小的實因錢不敷用聽從沙船耆民方玉升於起撥時賣給沙船漕米七石下短七石實係通斛見風米粒收身的緣故半途實沒揭封使水偷竊經紀代役們也沒通同舞弊情事現在小的交出米石其餘十二石已經紀全數代交請從寬求恩典是實等供據此該卑職等審看得拿獲後撥船户吳

永和貴籌少起沙船米石一案緣吴永和籍隸天津一向駕駛通州
承管五十三號撥船轉運漕糧咸豐七年四月初九日吴永和在天
津耆民方玉升沙船上起撥米石方玉升向吴永和商説沙船缺米
食用向吴永和買米每石給價京制錢四千五百文吴永和貪利應
允當給米籌十四根少起漕米七石經紀代役並不知情意俟運米
到通時米石虧欠有九家互保代為分賠並訊據吴永和與頭起船
户張保山二起船户張玉山三起船户張士廷四起船户郭萬順五
起船户劉海江六起船户周永發等僉稱運至中途均因每日用水
澆撤遮蓋不嚴滴水入艙各艙浮頭米石稍受潮熱到壩倒艙過斛
見風米粒收身以致吴永和又虧七石張保山等米石短少五六石
不等奏蒙 憲臺 錫恩 會同 錫康研訊詳辦等因遵即將欠較
少之船户押赴河干儧交虧短五石以上之頭二三起船户經紀先
行枷號勒令賠補現各船户將所短米石如数清繳訊悉前情不諱

復請委無中途揭封使水適同舞弊情事案無適飾應即繳清查係
載糧船舵工有儧米至五石以上累丁代完者審實發極邊足四千
里充軍等語今船户吳永和撥運漕糧胆敢聽從耆民方玉升賣籌
少起偷食漕糧累丁代完寔屬胆玩吳永和除中途澆繳滲漏入艙
輕罪不議外應請合依糧艘舵工偷米五石以上累丁代完者寔發
極邊足四千里充軍係應發邊足四千里充軍石面刺烟瘴改發四
字至杖一百折責安置該犯所賣之米及中途受濕斛短米石已據
如數賠交應毋庸議方玉升應移知天津縣傳案訊辦頭起船户張
保山穆興付李長友梁得順李文得潘萬順李得興向瑞常友二園
萬貴劉長青管興付馬洪二起船户張玉山馬得付王寬遠閻文發
馬萬奎尤興太三起船户張士廷石靈付朱玉蕭永合四起船户郭
萬順李付友張永朱井全五起船户劉海江李永起藍起順落玉廷
趙安六起船户周永發蕭萬友所短米石訊因裝載後每日澆繳滲

蓋不嚴滲水入艙米石間受濕熱風蒸時米粒收身所致虧短有因
並無揭封使水偷竊情事業已枷責示懲米已如數分賠應請勉其
另覓取保釋放船仍令駕駛經紀代役雖訊不知情而失於覺察咎
有應得應即將案責懲吳永和船只交坐埧委員轉飭承管船頭另
募船户駕駛除詳明　倉憲並尹憲本道暨將人犯吳永和解廳審
訊外所有審繳緣由是否允協繳合會同具文詳請　憲臺核辦俯
賜咨明
欽差和碩鄭親王查照實為公便為此備由繕冊具呈伏乞
照詳施行須至册者五月二十日

欽差兵部正堂錢倉場部堂李為咨呈事據通坐糧廳呈稱奉札以剝船虧短米石[illegible]運經紀失於查拏者應照戶部奏定章程經紀船戶各半分繳飭令迅速追賠等因當即傳集該經紀李兆森等嚴訊勒追據稱通州素非產米之區定在無處購買情願指備銀兩繳價存庫等供查例載稻米一石繳價銀一兩四錢惟現在糧價騰貴若令照例賠繳反覺輕縱當復行通州知州飭將本月稻米糧價詳查覆稱現行糧價每稻米一石價銀二兩九錢二分等情職廳等復核自一起至七起共欠米二百五十二石內除經紀查出三船計米十九石責令船戶獨賠外定欠米二百三十三石前經船戶照數賠交訖其經紀應追賠一半米一百十六石五斗既據該經紀等供稱無處購買米石責令按現行市價折銀交納共應折交銀三百四十兩一錢八分現據該經紀等如數呈交兌收通庫暫存等因相應咨呈

貴王大臣查核再此項追賠銀兩應否歸通濟庫充公之處迅即咨

覆以便轉飭遵照辦理並知照户部可也伍月貳拾壹

署理兩江總督何為咨呈事查接管卷內據蘇藩司詳稱准臬司[illegible]

蒙

前撫部院趙　札開本年四月二十一日准

山東撫部院崇　咨據榮城縣稟報吳縣船戶瞿元利以三月初七日在上洋裝運正白大米一千二百石並客貨物件放洋至本月十六日駛至福山西南外洋被盜船追至刦去白米五十餘石並客貨物件拿去舵工水手二名又據上海縣船戶沈寶生以領運桐鄉縣漕米一千二百石並庫存紋銀二千三百八十八兩有浙江海運劉河總局印票一紙又帶裝本船行銀兩洋布等物出口於三月初七日放洋行至蘇山西南外洋被盜船追及將海運總局飭寄銀兩並本船行銀兩物件均被搶去拿去耆民水手二名又據元和縣船戶莊合順以裝載新陽縣正白米一千石並客貨放洋至三月十六日行至蘇山外洋被盜船刦去白粮肆十餘包並客貨衣物拿去耆民

水手二名又據船户沈篤泰以装載婁縣正白粮米一千石耗米一百石經紀等米二十九石七斗零七合並客貨物件放洋至三月十八日駛至打魚島迤南外洋被盜刦去大米四十餘石並客貨物件拿去舵工一名又據船户孫德隆以装載金山縣漕米一千零九十五石六斗三合六勺剩船食米十二石五斗九升三合二勺經紀耗米十六石四斗二升六合經紀剩食米一升八升八合九勺耗米八十七石六斗五合一勺並紹酒布疋銀錢等物於三月初九日放洋駛至種田島迤東外洋被賊船刦去米三十餘石並銀鏹布疋等物拿去舵工一名各等情赴縣呈報經該縣會營勘明均被刦属實等情到本部院據此咨順檄飭沿海水師營汎設法兜捕等因到院准此除札上海道移行沿海各縣營一体多派兵捕會合嚴緝設法兜捕務將各案賍盜悉獲解究毋稍延縱並即調派輪船前往護送一面飛移蘇藩司將被刦米石應如何辦理之處速飭天津局員核辦

具禀等因到司蒙此務須將被刧米石應如何辦理之處[illegible]

局員核辦等因查本年護運輪船前奉督憲　奏明俟頭批漕米[illegible]

津派赴佘山一帶巡防再派平安艇八柴白亮等勇船分投出洋會

同沿海水師妥為接護至山東石島交替在案如果各勇船實力防

護何致盜匪肆行刧奪現在江浙米船久已全數放洋急應嚴密巡

防分投兜捕以期無悞運行惟所失漕米攸關

天庾正供未便短缺自應在於上屆籌備餘米内照數抵補一面由東省

緝拿賍盜務獲究辦照准前因除將浙省被刧米船移會浙省局核

明辦理並飛移交米蘇糧道將蘇省米船瞿元利部失白米五十餘

石又莊合順船刧失白粮四十餘包沈萬泰船刧去米四十餘石孫

德隆船刧去米三十餘石一併在於上屆籌備餘米内照數撥補交

倉並移行各鎮營督帶師船實力兜捕務將盜匪悉獲究辦外相應

詳請伏候鑒核俯賜咨明

欽差驗米大臣查照並飭令沿海水師嚴拿惩辦等情移交到本署部堂

據此除分別照行外相應咨呈

欽差和碩鄭親王謹請查照施行須至咨者 伍月二十一日

鹽運使銜浙江督粮道為詳明事竊照本年海運漕粮所有氣頭廒
底米石經職道遵照
奏定新章派員收買寄棧風晾茲已截數選擇尚堪食用米一百六十
五石稟蒙驗收配足經耗米二石四斗七升五合運赴通倉以備搭
放剝船食米照數支給其餘碎爛襍米由浙局自行變價歸款相應
備文詳明伏祈
王爺憲臺察核具
奏除詳駐通
欽倉憲外為此備由呈乞
照詳施行須至冊者 伍月二十三日

監運使銜浙江督糧道為詳報事竊照本年浙省海運漕糧現在驗
兊尚有籌備米一款除自南支給商耗米八十石外計到津應收米
一千石業蒙
王爺憲臺驗收共兊過交倉正耗並經耗米九百八十八石六斗三升七
勺全數剝運赴通作為來歲新漕抵補失風斛缺等項之用其應支
剝船食米十一石三斗六升九合三勺亦已如數給清并同商耗米
捌十石核與本省
奏報原運米一千八十石數目相符所有搭運籌備漕米驗兊全完緣
由理合備文詳報並造具正耗各數清冊呈送伏乞
大爺憲臺察核具
奏寔為公便除詳駐通
欽差憲臺暨浙撫憲外由此備由呈乞
照詳施行須至冊者

計冊

監運使銜浙江督粮道

呈為造報搭運籌備米石交收全完事咸豐七年分搭運漕粮籌備

米石分晰正耗經耗剩食米数造具全完清冊呈送

查核施行

計開

咸豐七年分

搭運正漕籌備項下

一交倉漕粮正米七百七十九石二斗一升六合四勺

又二斗五升耗米一百九十四石八斗四合

又一升五合經紀耗米十四石六斗一升三勺

共交倉正耗米九百八十八石六斗三升七勺

支給一升一合五勺剩食米十一石二斗一合三勺

又新增經耗項下剩船食米一斗六升八合

共支給食米十一石三斗六升九合三勺

以上通共交倉正耗經耗並支給剩食等米一千石又加自

南支給商船耗米八十石核與浙省

奏報原運米一千八十石數目相符再

此項籌備米南省原未並未分晰正耗

是以商耗一款照一千石之數支給今

將到津米一千石內劃分正耗經耗剩

食米數交兌剩運全完支給清楚理合

登明五月二十日

監運使銜浙江督糧道為詳報事本年伍月初肆日奉
戶部劄開雲南司案呈查本年起運浙省漕糧及捐輸米石陸續
津所有私米一項共計若干相應劄行駐津浙江糧道查明私米確
數即行報部以憑核辦茲查各倉場於浙江新漕到通時將私米分派
何倉每倉分派若干石亦即查明報部幸勿遲延可也等因奉此遵
查本年浙省起運漕改交倉正耗並經紀耗共米貳拾萬壹千肆百
伍拾柒石玖斗柒合肆勺除撥運薊州米肆千叁百伍石肆斗伍升
叁合玖勺經紀耗米陸拾肆石伍斗捌升壹合捌勺外實計交倉正
耗米拾玖萬肆千壹百柒拾伍石貳斗肆升叁合壹勺內有私米叁
萬肆千伍百拾玖石捌斗壹合伍勺入交倉經紀耗米貳千玖百拾
貳石陸斗貳升捌合陸勺內有私米伍百拾柒石柒斗玖升柒合壹
勺均已驗兌運通緣奉前因合將私米確數備文詳報伏祈
王爺憲臺察核除呈報

户部暨駐通
欽倉憲外爲此備由呈乞
照詳施行須至冊者 伍月貳拾貳日

鹽運使銜浙江督糧道爲浙省海運漕白糧米全數給兑完竣詳請
奏報事竊照本年浙省漕糧仍由海運職道率同正佐各委員抵津辦
理兑務查起運咸豐六年分杭嘉湖叁府屬漕白二糧交倉正耗經
耗並剩食商耗等共米貳拾伍萬貳千伍百陸石柒斗壹升柒合陸
勺據各該縣先後運至江蘇上海雇備商船分批裝載出口陸續抵
駛天津水次當蒙
王爺 憲臺 按臨督同隨帶司員暨津坐糧廳並直隸浙江兩省在事人員
逐船詣驗隨驗隨兑一氣趲辦自肆月初柒日起至伍月貳拾貳日
止已驗卸船壹百陸拾叁隻尚有未到漕糧船壹隻白糧船壹隻職
道查照成案先將收買餘米抵補並籌款買補交足各船斛缺米石
亦於餘米內撥補足額統計漕白起運各數除商船耗米壹萬捌千
柒百捌拾陸石陸斗柒合剩船食米貳千陸百伍拾柒石貳斗貳升
叁合貳勺自南自津分別支給又奉撥易州正耗米伍千柒百拾玖

石貳勺肆升玖合陸勺照數兌運外寔應交倉正耗並經紀耗米貳
拾貳萬伍千叁百肆拾叁石陸斗叁升柒合捌勺業經全數驗兌運
通米色一律乾潔並無顆粒虧短核與本省冊報原運米貳拾伍萬
貳千伍百陸石柒斗壹升柒合陸勺數目相符職道伏查本屆海運
米数較少因上年南省被災過重徵納維艱辦理運剝事宜經費亦
形支絀而
京倉儲備甚關緊要經
王爺憲臺[illegible]先期籌畫指示周詳諸事提早趕辦頭批船隻正月以內放洋
餘亦於叁月貳拾前跟踪北上尤幸風帆順利各船連檣而來津通
兩處驗兌迅速計自開斛以來甫及月餘業已全竣欣忭寔深所有
海運漕糧全數驗兌完竣緣由理合備文詳報並開具全完清冊及
抵補各数細摺呈送伏祈
王爺憲臺察核具[illegible]詳

奏除詳駐通
欽會憲暨
浙撫憲外為此備由呈乞
照詳施行須至冊者
計 冊
鹽運使銜浙江督粮道
呈為造報海運漕白粮米交收全完事今將商船承運杭嘉湖叁府
屬咸豐陸年分漕白二粮正耗米石均已照數全完理合造冊呈送
查核施行
計開
咸豐陸年分
杭嘉湖叁府屬
起運漕改交倉正耗米拾玖萬捌千肆百捌拾石陸斗玖升柒

經耗米貳千玖百柒拾柒石貳斗壹升

肆勺

合

又白粮交倉正耗米貳萬玖千捌拾壹石伍斗壹升貳合柒勺

經耗米伍百貳拾叁石肆斗陸升柒合叁

勺

以上漕白交倉正耗米貳拾貳萬柒千伍百陸拾貳石貳斗玖合柒勺

經耗米叁千伍百石陸斗柒升柒合柒勺

兩共交倉米貳拾叁萬壹千陸拾貳石捌斗捌升柒合肆勺

隨正應給天津剝船食米並新增經耗項下食米貳千陸百伍

拾柒石貳斗貳升叁合貳勺

商船耗米壹萬捌千柒百捌拾陸石陸斗柒合

通共漕白交倉正耗經耗並津剝商船耗食等米貳拾伍萬貳千伍百

陸石柒斗壹升柒合陸勺以符浙省

奏報起運原數
承運商船壹百陸拾叁隻一律抵津驗卸全完內撥運易州白糧正
耗米壹千叁百肆拾玖石貳斗壹升
叁合玖勺漕糧正耗米肆千叁百柒
拾石叁升伍合柒勺餘皆運通交倉
支給清楚並無顆粒短少合併聲明
五月二十二日

護理江蘇督糧道關防知府用候補同知呈爲詳明事竊照本年海
運漕糧所有氣頭艙底米石遵照
奏定新章由南局派員收買寄棧風晾收拾茲已截數選擇尚堪食用
米五十五石稟蒙驗收配足經耗米八斗二升五合運赴通倉以備
搭放其剝船食米業已照數支給其餘碎爛雜米由蘇局自行變價
歸款相應備文詳明伏候
王爺憲台鑒核具
奏除詳駐通
欽憲外爲此備由呈乞
照詳施行須至書冊者 五月二十七日

欽差餘鄉正堂李
部正堂全為咨覆事准駐津驗米王大臣咨稱查通壩起剝[illegible]
及追賠短欠米石向係通坐粮廳及石壩州判專管既飭駐壩委員
及各該委員照分賠成案辦理本部堂自應確切查明以憑核辦除
飭局傳知駐壩委員據實稟覆外隨飭傳問各起押運委員僉稱短
欠米石經紀並未分賠具在通驗領批出具分賠之稟僉稱係丁舵
捕傳諭須照二起具稟給批云云據實稟覆並出具切結各一紙其
二起押運委員初次呈遞親供及二次呈遞親供始稱所具稟結求
丁舵捕取回更改繼稱高郵兩牧擬就分賠底稿自行稟覆亦與駐
壩委員會銜稟復其所具甘結據稱丁舵捕云前已會稟分賠仍應
照分賠具稟至詰以銷差因何遲延未奉嚴劄調回問話何以不即
回津該員稟稱係倉憲大人因李司員面稟內河短人差委暫留在
通劄委等語查該員親供內所稱稔知五月初八日倉憲大人驗米
是日在船稟辭之際始行派委而貴處劄行天津道文內係初七日

坐日已屬不符且因文內係
欽差驗米大臣全倉場部堂季會銜行用兵部印文查
欽差大臣於初三日回京奏事初七日請假初八日並未在通何以會銜
劄飭更不相符當於十五日行文查核旋於申刻接貴處來文劄飭
該員陳克昌駐閘盤驗旋據該員因病請假更與該員親供不符現
經劄飭直局問取確供再行知照外又第七起押運委員於十四日
回京銷差將經紀並未分賠貴處隨員李司員三次勒令出具經紀
分賠稟結緣由詳細具稟應另行錄送查辦至傳問前六起經紀剝
船僉供所短米石船戶獨賠經紀並未分賠其通壩承追米石據經
紀供稱是
欽差交給鄧大老爺轉交州裡又據剝船趙永供稱前被海巡鎖押在下
處係在通州東門外橫街關帝廟內就是經紀辦事公所各等語現
在本爵堂連日查辦各情其中顯有情弊因案卷未齊尚未咨商敝

於十五日接到貴部堂大臣來咨據坐糧廳等失察自行檢舉參奏
甚覺駭異查坐糧廳暨各委員失察之處本係分內應辦之事而
辦不寔自係朦蔽既云失察究係何人舞弊例應開參究辦既未將
何人舞弊指明奏
聞知照前來本爵堂實屬不解舞弊之人應請貴部堂大臣指明示覆至津糧
現已究出各情事關勒令虛出甘結並有授意主使之人雖經參奏
在前然本處所查各情亦不得中止再押運委員除催趲稽查偷漏
是其專責至賠米原非伊分內之事何以勒令出具分賠之結亦殊
不解本爵堂不敢捕風捉影辦事亦不敢以毫無根據率行入奏自
蹈欺罔之罪不得不詳細考查相應將全案咨明貴部堂大臣請將原咨
再行查辦如有應訊人證即由貴處備文來津調取仍將如何查辦
之處先行示覆事關奏案幸勿稍遲等因查剥船虧短米石分別賠
補章程本部堂到通伊始即已聲明例案出示曉諭並劄飭坐糧廳

遵辦並於兩次奏報摺內聲明在案嗣准
貴王大臣復將例案知照前來亦即劄令遵照辦理前因驗收前三
起米石虧短甚多除將經紀代役船戶即交通州一並枷責外誠恐
坐糧廳偏護經紀未能實力奉行復於四月二十四五等日劄飭駐
壩及押運委員會同通州高牧候補知州鄧牧迅速照案追賠並飭
各押運委員於領批時將如何分賠之處據實稟報嗣據各該委員
及押運委員陸續稟稱均已遵照成案經剝各半分賠足數本部堂
即據各該員所稟於批回內批明給發五月初六等日復據
貴處咨查經剝分賠細數及剝價銀兩如何找給之處當即劄令各
該員等遵照分晰開單稟復並於初八日先行呈復旋於五月初十
日據各該員等稟稱復查追賠米石始悉經紀並未分賠即以失察
自行檢舉業經本部堂奏參在案五月十五日接到
貴處咨查二起運員所供各情並留通當差有無干求之處又十六

日接到咨查飭留運員陳克昌在通寓差有無情弊等因當[illegible]
七等日據實咨覆在案茲於五月十八日復據
貫處咨稱傳問各起押運委員僉稱經紀並未分賠及丁巡捕傳諭
須照二起具稟給批等語查各起押運委員到轅領批本部堂曾令
巡捕傳諭該運員將如何分賠之處據實稟報並無責令須照二起
具稟分賠之事又稱陳克昌暫留在通一節前已詳細咨覆在案復
於同日奉到另咨坐日不符自應另行咨覆又稱七起運員稟稱李
司員三次勒令出具分賠稟結緣由本部堂查前接
貫處咨查短米船名分賠細數來文即諭隨帶司員等於各運員領
批時囑令遵照來咨據實稟報以便於迴批內批明五月初八日本
部堂李率同隨帶司員等赴壩驗米該七起運員石虎臣壩員許忠
赴船呈遞稟單該司員等因未經分晰聲叙難以咨覆津轅令再詳
細稟明該運員亦即遵照分晰具稟並未言及經紀未曾分賠等語

李司員亦並無三次勒令具稟之事至該員所供勒令緣由本部堂現已照供劄查各員又稱各委員失察究係何人舞弊等語本部堂於各員自行檢舉時業經查核悉由經紀朦混所至是各員失察實由經紀舞弊前本部堂一面奏參一面仍飭令將舞弊經紀嚴行審訊仍令將一起至七起經紀應賠之米勒限追繳各在案兹蒙咨查並抄錄各起運員經紀船户原供各情事業經劄飭各員據實具稟現據各員陸續稟復本部堂查與原供不甚相符恐此中有不實不盡之處除劄飭通永道再行認真嚴查後據實咨覆外相應先行呈覆

貴王大臣查照可也五月二十三日

户部為欽奉事雲南司案呈准駐通驗米王大臣等 奏奏大[illegible]
監督轉運米石遲延一摺咸豐七年五月十七日奏奏本日奉[illegible]
硃批富和世敬均著暫行革職並摘去頂戴飭令迅速督催欽此抄錄原
奏恭錄
硃批移咨查照前來相應抄錄原奏恭錄
硃批移咨駐津驗米王大臣查照可也
奏為大通橋轉運遲延請將監督摘去頂帶以儆玩愒恭摺奏祈
聖鑒事竊查轉運漕粮總宜迅速方免偷漏攙和等弊臣等到通驗收海
運米石迭經札飭大通橋監督多雇車輛一俟轉運到橋即行隨驗
隨收不准片刻停留以免積壓嗣因前三起米石轉運到橋該處每
日運倉者僅有四五千石當將該監督記過並將車頭從重責懲限
令三日內將堆積號房之米全數運倉每日總以三萬石為率嗣因
該處轉運仍屬遲延即行奏參各在案茲查數日以來該處所運米

石每日仍不及一萬石而堆積號房者竟有二萬餘石之多並據該
監督稟稱現在號房存米內有本豐恩內四遠倉米二萬餘石京倉
爲數無多若儘數赶運京倉惟恐坐派不符等語臣等查坐派進倉
米數均應分別遠近搭用不得以路途較遠遂不致停運任其積壓
躭延且該車戶等業經結報可以運竣何以該監督反爲飾詞徇隱
現在豫東兩省漕粮即日可以驗收若再稍有遲延將來口袋必致
不敷輪轉堆積號房之米必更弊竇叢生該監督職司轉運迭經臣
等札催仍復置若罔聞實屬疲玩已極相應請
旨將大通橋滿監督富和署漢監督世敬先行摘去頂帶以示薄懲仍責
令迅速督催轉運不准號房存留顆粒若再不知愧奮即行從嚴奏
參再現在海運十一起剝船及豫東兩省粮粮均已陸續抵通臣等
必須逐日赴壩赶緊驗收而該監督之轉運遲延奏參亦不能稍緩
致滋貽悞是以專摺具

奏未能呈遞繕牌伏乞

皇上聖鑒謹

奏請

旨　伍月貳拾肆日

户部為欽奉事雲南司案呈准駐通驗米大臣全　等奏坐粮廳及
各委員失察分賠米石自行檢舉請交部議處一摺咸豐七年五月
十三日具奏本日奉
旨依議欽此抄錄原奏恭錄
諭旨移咨查照前來相應抄錄原奏恭錄
諭旨飛咨駐津驗米王大臣查照可也

計單

奏為坐粮廳及各委員失察分賠米石自行檢舉請
旨交部議處以儆踈忽恭摺奏祈
聖鑒事竊查户部奏定章程剥船虧短米石如係潮濕短少由經紀等獲
責令剥船獨賠若經紀並未查出或通同舞弊分肥責令經紀剥船
各半分賠其並無弊竇而米石交不足數者亦令各半分賠等因臣
等抵通後即聲明此案出示曉諭並札知坐粮廳及各該委員遵照

辦理追臣等驗收各起米石之後所有各船虧短除將押運經紀代
役及船戶枷責外仍飭駐壩委員及各起押運員弁會同坐糧廳等
遵照前案由經紀查出弊竇者應令剝船獨賠其餘所短米石應令
經紀剝船各半分賠扎令迅速照數追繳嗣據各該委員陸續稟稱
虧短米石其經紀剝船例應各半分賠者均經照數賠交各在案惟
查各該委員所稟未將剝船經紀分賠細數聲明恐有不實情弊當
即飭令詳細開單稟覆茲據坐糧廳及各該員等稟稱剝船所欠之
米奏飭遵照成案分賠惟現復詳查始悉所欠米石除頭起船戶吳
永和係經紀代賠外其餘多係船戶獨賠當將經紀傳案嚴訊據稱
短欠米石本應照案分賠惟船隻衆多巡查實難徧及若船戶短欠
經紀分賠是船戶所欠之米一半賠交尚有一半肥己船戶殊爲得
計恐相率效尤偷竊愈多虧欠愈甚等語細核所供雖係實在情形
第分半賠交本屬奏定章程況經紀不能先事預防以致船戶偷[illegible]

咎實難辭若不照數追賠轉得置事外除將已交米石不計外其
經紀應賠之米仍由坐廳廳勒限追繳至職等未能先事查出實屬
疏忽理合自行檢舉臣等查該坐糧廳及各委員既經臣等札飭遵
照分賠章程辦理自應認真照辦何以剝船所短之米僅令船戶獨
賠而經紀未曾分賠之處該坐糧廳張樾帮辦監督文隆祝如濂知
州高錫康鄧錫恩等並未隨時查出駐壩委員許忠王福瀛又未據
實具稟迨臣等飭令詳查始知經紀未曾賠繳雖據自行檢舉勒限
追繳而先時未能查出失察之咎實不能辭應請
旨將坐糧廳監督張樾帮辦監督文隆祝如濂署通州知州高錫康候補
知州鄧錫恩駐壩委員候補知縣許忠候補府經歷王福瀛均交部
照例議處其經紀應賠一半米石仍飭該坐糧廳等迅即照數追交
毋任延宕所有臣等查察緣由理合恭摺具奏伏乞
皇上聖鑒謹奏

奏請

旨

欽差兵部正堂全、倉場正堂李為咨覆事准駐津驗米王大臣咨稱准駐通驗米大臣
咨候補知州鄧牧等審明吳永和賣籌短米劉起升空取飯米誤損
封條各案定擬具詳來來所辦尚屬允協除飭該牧等照詳辦理
仍迅將九起十起之案辦結另詳等因本爵部堂查發遣船戶似應抄
錄原詳移咨刑部是否業經知照在案來文未經敘及等因查吳永
和一案現由東路廳復訊具詳俟業已抄錄原詳移咨順天府尹刑
部核准咨詢相應呈覆
貴王大臣查照可也 伍月貳拾伍日

欽差兵部王堂全倉場部堂李 為欽奉事本部堂於本月初三日具奏海運米石數
完竣並經紀賠繳短米銀兩各摺片均奉
旨知道了欽此相應抄錄原奏附片恭錄
諭旨咨呈
貴王查照可也
計單
奏為江浙兩省海運漕白糧米由津抵通驗收完竣並現收豫東漕糧
數目恭摺奏祈
聖鑒事竊查本年海運漕糧由津抵通欽奉
上諭派臣全會同臣李 驗收業將辦理情形及轉運數目節次奏摺在
案茲查江浙兩省起運咸豐六年分漕白等米經駐津驗米王大臣
驗收分作十三起撥運到通臣等會同隨帶司員及坐糧廳監督等
逐起查驗其米色乾潔者當即驗收間有紫老黑丁灰暗情形核與

天津發來原樣相符亦即飭各委員赶緊斛收轉運至潮濕之米必
飭令風晾乾潔再行驗收不准少有含混致滋弊竇計自四月十八
日開斛起至五月三十日止統計江浙兩省漕白二粮内除由本省
支給會紅耗米二萬九千一百三十五石二合三勺由津支給撥船
食米四千十五石四斗七合五勺易州正耗米五千七百十九石二
斗四升九合五勺又由通撥給薊遵豐三州縣正耗米二千五百十
五石五升外寔進倉正耗漕粮及經紀交倉耗米共計洪斛二十萬
八千八十八石一斗三升一合九勺合平斛二十六萬一百一十石
一斗六升四合八勺平斛白粮八萬八百二十一石四斗二升八合
又收江浙兩省氣頭正耗平斛漕米二百二十三石三斗又收江蘇
捐輸正耗米一百三十石五斗六升統共漕白平斛米三十四萬一
千二百八十五石四斗五升二合八勺内除八起至十三起接船虧
短米石應由經紀賠交一半米一百七十五石五斗現已按照市價

折銀賠繳實在由津抵通漕白平斛米三十四萬一千六百[illegible]
斗五升二合八勺現已一律驗收完竣臣等伏查本年海運米石雖
少而豫東糧艘同時抵壩驗收寔形繁重轉運尤難迅速且通壩係
積竊之區偷漏攙和及需索等弊均宜加意防範臣等逐日親赴河
干督同隨帶司員等查照舊章力求整飭總期加倍嚴密不敢稍涉
因循兩月以來仰賴
聖主鴻福風帆順利兩省漕糧均已至壩即可早竣
天庾仰慰
宸廑莫名欣幸至豫東兩省漕糧現已陸續抵壩計自五月十六日開斛
起至閏五月初一日止已驗過豫省六幫東省七幫共合平斛米十
八萬八千餘石查驗該二省米麥豆三項山東省尚屬乾潔惟豫省
米豆間有糠殼潮軟情形據該道張昀奏稱實因上年疊被旱蝗秋
收歉薄所致臣等隨即飭令挑晾乾潔方准斛收現在該二省未劃

未驗者尚有十一幫臣等一俟驗收完竣即同隨帶司員等回京當
差所有海運米石驗收完竣及現收豫東　糧數目緣由理合恭摺
具奏伏乞
皇上聖鑒謹
奏
再前因一起至七起撥船虧短米二百三十三石係應經紀撥船各
半分賠該委員等為經紀朦混均係撥船全數獨賠經紀並未分賠
當經該坐糧廳及各委員等查出自行檢舉由臣等奏參並札飭通
州知州等將朦混舞弊之經紀從嚴究辦所有應賠之米仍令按照
市價每石折銀二兩九錢二分勒限追繳又八起至十三起撥船虧
短米石除撥船應賠一半均已照數追繳所有經紀應賠一半米一
百七十五石五斗亦飭令按照市價折銀賠交現據坐糧廳等奏稱
經紀共應賠米二百九十二石按市價合銀八百五十二兩六錢四

分業已如數呈交臣等當飭令將文送交部庫以免躭擱[illegible]

所有經紀賠繳短米銀兩緣由理合陳明謹

奏聞伍月初伍日

欽差兵部王堂全倉場部堂李為咨覆事前准駐津驗米王大臣咨查各起運[illegible]
船戶稟供各情當經札飭坐粮廳及各該員等據實稟覆飭據各該
員陸續稟覆復札通永道詳查具稟等因在案茲據該道取具各供
具詳前來相應抄錄各員稟供及通永道原詳呈覆
和碩鄭親王倉場部堂崇查照可也
計粘單
駐壩委員升用知州候補知縣許忠謹
稟
大人閣下敬稟者竊卑職接奉
札飭以准駐津驗米王大臣咨據七起押運委員石虎臣稟稱以該縣
丞赴轅領批經卑職往傳赴隨員舟次商酌要事並有卑職傳送隨
員之言經紀與船戶分賠若干飭令該縣丞開明清單具稟又經卑
職將稟帖奪去呈遞隨員該縣丞與卑職商酌此稟如何能具又經

卑職勒令該縣丞遵辦復經任州判與該縣丞將卑職請至石壩公
所公同商議卑職置若罔聞等情茲蒙
憲札飭令將該委員所供是否寔有其事抑係在津朦混具禀迅速據
實禀覆等因奉此遵查本月初七日卑職隨侍
憲臺驗米時適該縣丞前赴河干卑職當詢伊批回曾否給發該縣丞答
以歷次押運委員需俟米石交完具禀後始行給批令該起米石全
完已繕就禀單囑卑職代為呈遞其禀內有卑職係遵定章飭令經
紀船戶分賠業已交清等語當經卑職帶同該縣丞呈遞隨員適李
司官按禀閱看言及現奉駐津王大臣來咨以經剥分賠細數須詳
細聲叙此禀尚未分晰明白似屬含混令再分晰禀明以便咨覆該
縣丞當即應允走散至本日申刻該縣丞親赴駐壩公所云稱明早
可以領批回津銷差隨即告辭而別至所稱卑職往傳該委員赴隨
員舟次囑令遵照陳委員辦理該縣丞不肯具禀卑職忿然而去誰

奪去稟帖呈遞隨員以及勒令該縣丞逕辦並往州判與該縣丞
至石塡公所卑職置若罔聞等情實屬並無其事茲蒙
札查理合據實稟陳
大人察核肅此具稟恭請
福綏伏乞
鈞鑒卑職 忠謹稟

州同銜調署通州石塡州判任爾會謹
稟
大人閣下敬稟者竊卑職 接奉
憲札飭查船戶在津所供各起欠米是石塡州判銜門查收等因蒙此
卑職 遵查船戶欠米係該承起經紀稟請監視斛收委員驗收該船
戶所供卑職 銜門查收欠米實屬妄供茲蒙

札查理合據實稟明
大人察核施行肅此具稟伏乞
慈鑒卑職劉會 謹稟

敬稟者竊卑職 面奉
憲諭以二起委員陳克昌有無專丁問卑職稟帖 如何措詞卑職 有無
告以前已會稟分賠仍須照分賠具稟並頭三四五六各起委員領
批時卑職 有無傳諭須照二起具稟給批等語飭即據實稟覆等因
卑職 查陳克昌赴贛領批當蒙
諭令傳知該員將虧短米石如何賠補之處據實稟覆旋據該員親身
到贛投稟領批並未專丁到贛詢問卑職 亦無告以須照分賠具稟
之事至頭三四五六各起委員赴贛領批曾奉
憲諭傳知該員等速將如何賠補虧短米石情形具稟到贛後即發批

回卑職道即傳知該員等旋俱陸續赴轅投稟領批並無[illegible]
二起具稟給批情事茲奉查詢理合據實稟覆懇祈
大人查核肅具丹稟伏乞
鈞鑒卑職崇雅謹稟
駐塡委員升用知州候補知縣許忠
候補府經歷王福瀛謹
稟
大人閣下謹稟者竊卑職等接奉
鈞札准
欽差和碩鄭親王咨稱據駐塡委員許忠王福瀛稟竊知縣等蒙委駐塡向
係提重催空查驗封條稟報各起撥船短米數目並憑十家船户押
領於駐通驗米大臣行轅當堂發給撥價等事至船户短欠應如何
追賠不由駐塡委員經理是以該船户補交情形亦並不於駐塡處
知會前蒙全憲札飭知縣暨頭二三起運員等令經紀船户分別賠

補查第一起吳永和短米十四石内有經紀賠交十二石其餘屢催罔應均係撥船户自行賠補且經紀係坐糧廳管轄昨又接奉仝憲札飭會同通州高牧候補知州鄧牧查第一起至七起短米船名經紀船户分賠數目一併分晰開单禀覆等因知縣等擬將實情會議定稿後録呈等因具禀前來查追賠短欠既知不由駐埧委員經理何以並不禀明且又勒令押運委員出具經撥分賠各結是何緣故並據二起委員等呈遞親供内稱駐埧委員曾經會禀經撥分賠等語仰該委員據實禀覆事關奏案不得含混倘有人授意或有勒令等情均一一聲覆除札飭駐埧委員外並移咨轉飭迅速聲覆等因查追賠短欠米石章程本部堂前札飭坐糧廳遵照成案辦理誠恐該廳偏護經紀未能實力奉行是以覆札駐埧委員許忠等暨各起押運委員通州高牧候補知州鄧牧會同照案追賠並飭各員逐起據實覆覆以昭核實嗣准駐津驗米王大臣咨查分晰經撥分賠細

數覆劄各員再行詳細稟報忽據該員等稟稱追賠米石現在撥
除第一起吳永和短米經紀代賠十二石外其餘均係撥船獨賠等
語即以失察自行檢舉業經本部堂奏參在案查追賠短欠米石該
員許忠王福瀛既知不由駐壩委員經理何以本部堂札飭時並不
即時稟明至所稱勒令押運委員出具經撥分賠各結是何緣故倘
有人授意或有勒令等情均一一聲覆等語相應札飭駐壩委員許
忠王福瀛迅將前項各情據實詳細稟覆毋稍含混遲延切切等因
奉此卑職等查撥船短欠向歸各起運員暨
憲台委員追繳如有疲玩延不補交者運官知會卑職等送州押追追
奉
憲台札飭卑職等暨頭二三起運官將各起撥船短少米石遵照經撥
分賠成案辦理卑職等當即會商頭二三起運官先行稟覆遵辦在
案因思經撥分賠成案已奉

憲台札飭卑職等自當遵辦但經紀非所管轄呼應不靈且追欠係運

官暨

憲台委員專管之事擬俟辦有端倪再行具稟旋據二起運官知會首

先補足並未與卑職等會商卑銜具稟經頭三四起運官查明意見

不合赴卑職等公所述及此情隨向陳克昌詢問詰以如何補欠即

據實具稟為是倘回津駐津

欽憲查問何以稟覆該委員堅不肯從拂然而去卑職等因該運官等互

相爭執隨復詳細查詢始悉分賠一節該經紀等尚多朦混其時七

起米石業已驗竣卑職隨即馳赴州署會同高牧鄧牧將前情詳查

明確差詢經紀李占元等嚴訊確情將朦混緣由供明即經卑職等

以疎於查察自行檢舉稟蒙

憲台奏參在案至卑職等萬不敢勒令運官出結而運官亦斷不肯受

勒並實無人授意勒令等情惟奉

委當差力圖報効曷敢代人受過自外[illegible]詰

生成茲奉

札飭據實禀覆伏乞

大人察核𢴾職 福懿 謹禀

州同銜署通州石填州判任爾會謹
稟
大人閣下敬稟者竊卑職接奉
札札以准駐津驗米王大臣咨據七起押運委員石虎臣稟稱以該起
所欠米石經李司員必欲令具分賠之稟並飭令填員許令勒令該
縣丞具稟該縣丞無奈因求候補知州鄧牧及卑職在李司員前代
為懇求而該司員仍不允准卑職因邀同該縣丞到署並將填員許
令請來公同商議填員置若罔聞該縣丞又三具稟帖三經駁斥復
經卑職向李司員前面回該司員聞言不悅茲蒙
憲札飭令卑職將該委員所供各情是否實有其事抑係在津朦混具
稟迅速據實稟覆等因遵查本月十二日卑職正在河干彈壓時該
運官執持批迴向卑職稱說批內並未註有日期囑令卑職代求添
註當經卑職答以本局海運卑職未蒙專派差使遵照舊章駐札河

干彈壓細事及照料口糧並轉運事宜此外並無另有差使自[illegible]
欽憲駐通卑職從未敢擅行稟謁其隨帶各司員亦輕易不能見面此事
斷不敢冒昧代求等語回復該縣丞即各自走散卑職實未向李司
員代求亦未邀填員許令到署公同商議該運官所稟此節係屬毫
無影響茲奉
札〻查理合具稟
大人察核肅此具稟恭請
崇祺伏乞
恩鑒卑職爾會謹稟
運同銜候補知州鄧錫恩謹
稟
大人閣下敬稟者竊卑職接奉
札飭以准駐津驗米王大臣咨據七起押運委員石虎臣稟稱以該起

所欠米石經隨員必欲令具分賠之稟並飭令塤員許令勒令該縣
丞具稟該縣丞無奈因求卑職及任州判在隨員前代為懇求而隨
員仍不允准茲蒙
憲札飭令卑職等將該委員所供各情是否實有其事抑係該委員在
津朦混具稟迅速據實稟覆等因遵查一起至七起經紀分賠米石
前屢奉
札飭已經卑職等遵照嚴飭經紀按數分賠嗣因詳查所欠米石經紀
並未如數賠交當由卑職等將截數經紀李占元等傳案嚴訊始據
供認當即訊取確供切結因該經紀飭詞朦混卑職等疎於查察隨
即自行檢舉稟蒙
憲台奏參在案伏查該運官石虎臣所稟分賠一節曾求卑職向隨員
李明墀說明懇求等語查本月十二日卑職隨伺
憲台驗米時該運官手持批回向卑職商說批內寫明米石不免有潮

濕字句擬託卑職代求删改卑職當即答以批内所云不免有[illegible]

之米是該起米石固屬乾潔惟挨槺靠棧不免有潮濕之米批寫係

實在情形焉能更改且蒙

欽憲按米給批卑職何敢冒昧陳説該運官當即走散以前並無挽卑職

向李員因分賠稟帖懇求之事此後亦未與卑職再行見面該運官

所禀此節實無影響兹奉

札查理合據實禀呈

大人察核肅此具稟恭請

崇祺伏惟

鈞鑒卑職錫恩謹稟

運同銜候補知州鄒錫恩

東路廳通州知州高錫康謹

稟

大人閣下敬稟者竊卑職 接奉

札飭以准駐津驗米王大臣咨稱一起至七起押運委員經紀船戶稟
供如陳克昌所供二起欠米查知在州並未分賠又供卑職等議及
船戶恃有經紀分賠勢必愈偷愈多告知仍令船戶補足或望後來
各起不至多偷至欠米較多力量實不足數者即由州責成經紀補
清是以坐埧委員同該運官陳克昌照州辦理並由卑職等擬就分
賠會稟該運官同坐埧並頭三各委員以並未分賠不敢會稟當時
卑職等自行稟覆茲蒙
飭令即照來咨內所稱各起委員經紀船戶稟供各情是否有心朦混
及果有授意主使之人據實詳細稟覆等因茲遵查分賠米石久經
憲札嚴飭經紀照辦嗣因該經紀飾詞朦混經卑職等詳查明確當即
卑職等遵照歷奉
自行檢舉稟蒙
憲台奏參在案該經紀應賠之米據供無米可買情願折價賠交卑職

等仍恐該經紀藉詞延宕久經知照坐糧廳將該經紀應賠米石[illegible]
限嚴追雖漕米例價每石折銀一兩四錢第現時價值昂貴採買不
敷若按例價追交該經紀未免取巧是以按現時糧價每石合銀二
兩九錢二分飭令照數交納現准坐糧廳知照已據該經紀等將應
賠米石銀兩均按市價如數呈交儲庫聽候撥用至該委員陳克昌
所供各情查卑職等奉
委會審船戶吳永和賣籌竊米一案曾邀駐壩及頭二三四起運官到
署公同研訊該犯供詞狡執天色已晚隨即各散是日絕未議及分
賠米石是日即聞陳委員患病並未再面所稱卑職等倡議一節實
屬毫無影響至卑職等前具分賠之稟係因屢詢該經紀衆供確鑿
是以輕信失察之故實緣經紀朦混舞弊所致卑職等仰荷
栽培力圖報稱質即愚魯斷不敢受人指使自外
生成惟該經紀有心朦混雖應賠米價依限呈交尚不足以蔽辜應請

從嚴懲處又查四起船戶趙永供稱米船到通有海烎將伊鎖押在
東門外關帝廟經紀公所等語卑職等當將該廟道人梁萬年傳案
審訊據供並無僧人在廟伊係在此看守是廟內祇有戶部稅局人
賃房居住此外別無閒人至經紀不但無賃公所之事且日間從無
一人往來其鎖押船戶之事實未聞見如有虛詞情甘坐罪並投具
甘結附卷再三究詰矢口不移卑職等訪查無異茲奉
札查理合據實稟呈
大人察核施行肅此具稟恭請
崇祺伏乞
鈞鑒卑職 錫恩康謹稟

管理戶部坐糧廳監督張[illegible]
幫辦坐糧廳裕豐倉監督文[illegible] 大通橋監督祝如濂謹
禀
大人閣下敬禀者竊職廳等接奉
大人札飭以准駐津驗米王大臣咨稱第一起至七起各委員經紀船戶
禀供各情是否有心朦混及果有授意主使之人據實詳細禀覆等
因蒙此除會同押運委員擬繕會禀係由坐壩委員及通壩委員高
牧等會辦應由各牧令詳細禀覆外職廳等遵照分賠米石久經職
廳等遵照歷奉
憲札嚴飭經紀照辦嗣該經紀等仍復支延未將賠米細數開報當經
職廳等詳查明確會同各委員自行檢舉禀蒙
憲台奏參行知到廳其經紀應賠一半米一百十六石五斗仍令勒限
嚴追嗣復傳集該經紀李兆森等嚴訊勒追據稱通壩素非産米之
區無處購買情願措備銀兩折價賠交查例價每米一石折銀一兩

四錢現在米價騰貴若令照例價賠交反覺輕縱當經行查通州知州飭將本月粮價開報旋據覆稱現行粮價每稻米一石折銀二兩九錢二分等因當即勒令照現行市價賠交自一起至七起經紀應賠一半米一百十六石五斗應折交銀三百四十兩一錢八分如數兌收存庫據寔詳報

憲鑒在案伏思職廳等仰荷

憲恩備員漕儲所有起運事務及賠交欠米係職廳等分内應辦之事何敢稍涉欺飾有負

栽培惟該經紀等藉詞支飾職廳等失於查察嗣經詳細查出赶緊會同委員等據實檢舉禀報斷不敢受人指使甘蹈欺飾之咎以自外

生成惟該經紀等應賠米石雖依限追交而延涉朦混仍應究辦合無

稟請

憲台飭交嚴辦至船户趙永因私揭封条被海興私押在東門外關帝

厮一節現已行知通州知州查究咨另稟覆所有札飭稟覆録由繕
合據實稟呈
大人察核施行肅此具稟恭請
崇祺伏乞
鈞鑒職 廳 如陞 濂 謹
塩運使銜直隸通永道爲遵札查覆事咸豐七年五月三十日蒙
憲台札飭以前准駐津驗米王大臣咨查各起運員經紀船户稟供
各情嗣據坐粮廳等各員所稟與天津咨送稟供不符令職道嚴查
具稟並未詳細聲覆飭即再行認真復查並傳詢各員逐一稟覆等
因職道遵即移查坐粮廳暨札飭各牧令等投具親供以憑覈覆去
後兹准坐粮廳移覆並據各牧令等各投具親供前來據此職道奉
札飭查通州高牧候補知州鄒牧垻員許忠王福瀛等失察經紀分
賠是否果由經紀朦混所致究竟有無授意主使之人一節現據高

鄧二牧及填員許忠王福瀛等各親供內稱屢蒙
憲札飭將撥船虧短米石經紀船戶各半分賠該牧令等曾遵札嚴
諭經紀照辦旋因訪查第一起至七起所欠米石係各船戶於數日
內先後交完該經紀並未照數分賠即經該牧令等傳案刑訊該經
紀始吐實情隨即自行檢舉稟蒙奏參並取有該經紀確供甘結附
卷至該牧令等失察之咎委因經紀朦混所致實無授意主使之人
又奉查高鄧二牧會審船戶吳永和一案並未議及分賠二起運員
陳克昌稱係高鄧二牧有倡議經紀分賠船戶愈偷一節現據高鄧
二牧親供內稱奉委會審船戶吳永和賣籌竊米一案曾邀駐填委
員及二三起運官到州公同研訊因狡供狡執天色已晚隨即各散
絕未議及分賠米石次日即聞陳克昌患病並未再見所稱該二牧
倡議等語係屬毫無影響又奉查四起船戶趙永所供米船到通有
海巡將伊鎖押在東門外關帝廟一節現據高鄧二牧親供內稱屢

將該廟道人梁萬年傳喚審訊據梁萬年所供經紀不但無貨[illegible]
之事且日間從無一人來往其鎖押船戶實未見聞取有甘結存[illegible]
又奉查壩員許忠王福瀛各親供內稱據二起運員陳克昌知會勒
令情事一節現據許忠王福瀛各親供內稱據二起運員陳克昌知
會所短米石均已補足單銜具稟即經頭三四起運員查明所稟不
符意見不合陳克昌赴該員許忠王福瀛公所述及前情許忠等隨
向陳克昌查詢何以補欠應須查明方免朦混其時七起欠米業已
補交許忠等恐各運員不遵照成案辦理必須查明方免朦混其時
七起欠米業已補交許忠等即赴通州會同高郵二牧將前情詳查
明確差拘經紀李占元等訊明朦混情由寔無勒令運員出結亦無
有人授意勒令情弊又奉查七起運員石虎臣經許忠往傳赴隨員
舟次囑令照陳運員具稟石虎臣不允許令忿然而去並奪去稟帖
呈遞隨員以及勒令遵辦並任州判與運員石虎臣邀許忠至石壩

公所許令置若罔聞一節現據許令親供內稱五月初七日石虎臣
赴石埧適許令隨同驗米向石虎臣查詢批回曾否給發石虎
臣答以歷次押運須俟米石交清具禀後始行給批今米已全完繕
就禀單囑為代呈該令當即帶同石虎臣往投適隨員李司員接閱
言及現奉天津咨文要分賠細數須詳細聲敘此禀尚未分晰明白
令再分晰清楚以便咨覆石虎臣當即應允走散至申刻石虎臣又
赴該令公所云明日可領批回回津銷差隨即告辭而別該令並無
往傳石虎臣囑令照陳運員辦理亦無奪去禀帖呈遞隨員以及勒
令遵辦更無往州判與石虎臣去邀該令至石埧公所該令置若罔
聞情事又奉查鄧牧與石埧任州判經運員石虎臣挽其向李司員
代求不具分賠禀帖一節現據鄧牧親供內稱七起運員石虎臣於
領批時因批中書寫米有潮濕欲該牧代求更改該牧答以挨槺囊
棧之米本有潮濕係據實批寫何敢代求即行回覆走散石虎臣並

無託該牧向李司員前懇求免寫分賠稟帖並據任州判親供內
稱該州判未向李司員代求亦未邀填員許忠至署公同商議又奉
查船戶所供虧欠米石由石填衙門查收一節又據任州判親供內
稱該船戶欠米實係承起經紀稟請監視斛收委員驗兌該船戶所
供由石填衙門查收欠米委係妄供又奉查坐糧廳失察經紀分賠
是否果由經紀朦混所致究竟有無授意主使之人一節現據坐糧
廳等覆稱分賠米石係遵奉
憲札嚴飭經紀照辦乃該經紀等支延不交當經詳查明確並將賠
米細數開摺呈報會同各委員自行檢舉業蒙奏參其經紀應賠一
半米石自第一起至七起止共一百十六石五斗嗣傳集訊追令其
將通州現行糧價每稻米一石折銀二兩九錢二分勒令賠交如數
兌收暫存通庫至追交欠米係伊等分內應辦之事決不至聽人授
意及主使情事等語職道恐該員等尚有不實不盡隨將高郵二牧

及填員許忠候補經歷王福瀛石塡任州判等分傳到道面加詢問
又據回稱與呈遁各親供亦屬相同詰詢至再並稱實不敢一字隱
飾職道復密查暗訪又屬無異伏查該員等如果尚有不實不盡之
處乃經紀應賠米石既已失察於前自必回護於後第將失察經紀
朦混分賠自行檢舉不敢欺飾毋庸勒令運員再具分賠稟結已可
概見其謂並無有人授意勒令情弊係屬實情所有查詢各員前稟
情形委係實情緣由擬合取具各該員親供具文詳送
憲台核辦為此備由具呈伏乞
照詳施行須至冊者

戶部兼辦坐糧廳[illegible]為移覆事准
貴道移開蒙
欽差兵部正堂全倉場部堂李札開前因駐津驗米王大臣咨查各起運員經紀船戶
稟供各情及一起至七起失察經紀分賠欠米是否果由經紀朦混
所致究竟有無授意主使之人應傳詢各員迅速逐一詳細稟覆等
因蒙此除分飭查覆外合亟移查等因准此本部業查前奉駐通
欽差大臣倉憲札開以撥船虧短米石押運經紀失於查拏者應照戶部奏定
章經紀船戶各半分賠飭令本部等迅速追賠其一起至七起短
米船戶分賠數目一併分晰開單呈覆等因嗣經詳查所欠米石除
飭該經紀等照數分賠並開具清摺稟呈
欽憲察鑒奏奉
諭旨行知到部當即傳集該經紀李兆森等嚴訊勒追據稱通州素非產
米之區役等實在無處購買情願措備銀兩繳價存庫懇祈轉報等

供當即行查通州知州飭將現行糧價查覆嗣據覆稱本月現行糧
價每稻米一石合銀二兩九錢二分本部覆核自一起至七起共欠
米二百五十二石內除經紀查出三船計米十九石責令船戶獨賠
外實欠米二百三十三石責令船戶分賠一半米一百一十六石五
斗業經如數追交訖其經紀應賠一半米一百一十六石五斗即按
現行市價折銀交納共應折交銀三百四十兩一錢八分業據該經
紀等如數呈交兌收通庫暫存聽候
欽差大臣倉憲核示遵辦復查追交欠米本部係分內應辦之事決不至有聽
人授意及串使情事惟此次賠交欠米係該經紀等稟請監視斛收
委員等收報本部僅據經紀稟照欠數開單呈報交完以致為該經
紀等朦混旋即自行檢舉稟明
欽差大臣倉憲蒙奏交部議在案至會審船戶吳永和等事應由各牧令委員
據實詳覆緣據移查擬合備文移覆為此合移貴道請煩查照可也

具親供候補府經歷王福瀛今於
與親供事竊卑職奉駐通
欽憲以海運漕糧短少米石飭令經紀船户遵照成案分别賠補旋據二
起運員陳克昌知會所短米石俱已補足業已單銜具稟即經頭三
四起委員查明所稟不符意見不合赴卑職公所述及前情卑職隨
向陳克昌查詢詰以如何補欠即以據實具稟為是該員堅不肯從
忿然而去卑職與許令會商該運員等互相爭執恐不遵照成案辦
理必須詳查明晰方免朦混其時七起欠米業已補交卑職隨即赴
州會同許令暨高郵二牧將前情詳查明確差拘經紀李占元等嚴
訊將朦混情由供明即經卑職以疎於查察自行檢舉蒙駐通
欽憲奏參在案卑職微末之員萬不敢勒令運員出結而運員亦斷不肯
受勒出結並實無人授意勒令等情所具親供是實

具親供升用知州候補知縣許忠令於
與親供事竊卑職奉駐通
欽憲以海運漕粮短欠米石飭令經紀船户分别賠補遵照在案兹據二
起運員陳克昌知會首先補足所短米石業已單銜具禀即經頭三
四起委員查明所禀不符意見不合赴卑職公所述及前情隨向陳
克昌查詢詰以如何補欠須據實具禀為是該員堅執不從拂然而
去卑職因該運員等互相爭執恐不遵照成案辦理隨即詳細查詢
始悉分賠一節經紀尚多朦混其時七起米石業已補欠卑職隨即
赴州會同王府經高鄱二牧將前情詳查明確差拘經紀李占元等
嚴訊朦混情由供明即經卑職以疎於查察自行檢舉禀蒙駐通
欽憲奏叅在案七起委員石虎臣於五月初一日赴石垻河干遇卑職隨
侍
倉憲驗米卑職詢以批回曾否給發該縣丞答以歷次押運須俟米石

交清具稟後始行給批令米已全完縛就稟單囑為代呈卑職查[illegible]
帶同該縣丞往投適隨員李司官接閱言及現奉天津咨文妥分賠
細數須詳細聲叙此稟尚未分晰明白另再分晰清楚以便咨覆該
縣丞當即應允走散至本日申刻該縣丞赴卑職公所云稱明日可
領批回回津銷差即行告辭而别至稱卑職往傳該委員囑令遵照
陳委員辦理該縣丞不肯具稟卑職忿忿然而去並奪去稟帖呈遞隨
員以及勒令該縣丞遵辦並任州判與該縣丞邀至石塊公所卑職
置若罔聞等情卑職實無其事卑職萬不能勒令運官出結而運官
亦斷不肯受勒出結並實無人授意勒令所具親供是實

具親供運同銜候補知州鄧錫恩今於

與親供事依奉供得竊卑職前因屢奉

欽憲

倉憲奏參在案虧欠米石經紀船戶各半分賠當經卑職遵飭嚴諭該

經紀等照辦旋因訪查一起至七起所欠米石多係各船戶於數日

內先後交人完該經紀飾詞朦混並未照數分賠即經卑職傳案刑訊

該經紀始吐實情隨即自行檢舉稟蒙

欽憲

倉憲奏參在案並取有經紀李占元宋育田確供甘結附卷卑職失察

之咎委因經紀朦混實無授意主使之人至二起運員陳克昌所供

分賠一節係在州署由卑職與高郵會議具稟惟查卑職奉委會審

船戶吳永和賣籌竊米一案曾邀駐填及頭二三起運官至署公同

研訊該犯供詞狡執天色已晚隨即各散是日絕未議及分賠米石

次日即聞陳委員患病並未再面所稱卑職倡議等語實屬毫無影

響其七運委員石虎臣所稱因上分賠之稟曾挽卑職於李司官前

代為懇求查該運員於領批時因批中書寫米有潮濕字句欲卑
代求更改卑職答以挨擦靠棧之米本有潮濕係據實批寫何敢代
求等語回復該委員隨即走散石虎臣所供託卑職向李員懇求免
寫分賠一節實無其事願無質對至四起船户趙永供稱米船到通
有海巡將伊鎖押帶在東門外關帝廟經紀公所等語卑職當將該
廟道人梁萬年傳案審訊據供經紀不但無賃公所之事且日間從
無一人來往其鎖押船户一節實未見聞並投具甘結前來卑職訪
查無異茲奉
札查所具親供是實

具親供通州知州高錫康今於
與親供事依奉供得竊卑職前因屢奉
欽憲
倉憲札飭剝船虧欠米石經紀船户各分分賠當經卑職遵飭嚴諭該

經紀等照辦旋因訪查一起至七起所欠米石多係各船户於數日
内先後交完該經紀飾詞朦混並未照數分賠即經卑職傳案刑訊
該經紀始吐實情隨即自行檢舉禀蒙
欽憲
倉憲奏參在案並取有經紀李占元宋青田確供甘結附卷卑職失察
之咎委因經紀朦混實無授意主使之人至二起運員陳克昌所供
分賠一節係在州署由卑職與鄧牧會議具稟惟查卑職奉委會審
船户吳永和貴等竊米一案曾邀駐垻及頭二三起運官到署公同
研訊該犯供詞狡執天色已晚隨即各散是日絶未議及分賠米石
次日即聞陳委員患病並未再面所稱卑職倡議等語實屬毫無影
響至四起船户趙永供稱米船到通有海巡將伊鎖押帶在東門外
關帝廟經紀公所等語卑職當將該廟道人梁萬年傳案審訊據供
經紀不但無賃公所之事且日間從無一人來往其鎖押船户一節
實未見聞並投具甘結前來卑職訪查無異茲奉

札查所具親供是實
具親供署石埧州判任爾會今於
與親供事蘇奉供得卑職 接奉
憲札奉
欽憲札飭以坐粮廳及各委員等所稟與天津洛送稟供不符令即遵照
指查據實具稟仍備親供二叩稟送核辦等因遵查此案卑職曾經
前蒙
欽憲札飭以准駐津驗米王大臣咨據七起押運委員石虎臣稟稱以該
起所欠米石經李員必欲令其分賠之稟並飭令埧員許令勒令該
縣丞具稟該縣丞無奈因求候補知州鄧牧及卑職在李司員前代
為懇求而該司員仍不允准卑職因邀同該縣丞到署並將埧員許
令請來公同商議埧員置若罔聞該縣丞又三具稟帖三經駁斥復

經卑職向李司員前面回該司員聞言不悅茲蒙
欽憲札飭卑職將該委員所供各情是否實有其事抑係在津朦混具稟
又奉飭查船戶欠米是否該石壩衙門查收迅速據實稟復各等因
卑職因查五月十二日卑職正在河干彈壓時該運官執持批迴向
卑職稱說批內並未註有日期囑令卑職代為添註當經卑職答以
本屆海運卑職未蒙專派差使遵照舊章駐札河干彈壓細事及照
料口袋並轉運事宜此外別無另有差使自
欽憲駐通卑職從未敢擅行稟謁其隨帶各員亦輕易不能見面此事斷
不敢冒昧代求等語回復該縣丞即各自走散卑職實未向李司員
代求亦未邀壩員許令運署公同商議該運員所稟係屬毫無影響
至船戶欠米實係承起經紀稟請監視斛收委員驗收等情稟覆
欽憲查核在案不敢捏飾所具親供是實聞伍月初十日